RAPPORT

SUR

LA MISSION HYDROGRAPHIQUE

DE MADAGASCAR

EN 1887-1888.

PAR

M. FAVÉ,

INGÉNIEUR HYDROGRAPHE.

(Extrait des Annales hydrographiques, 1890.)

PARIS.

IMPRIMERIE NATIONALE.

M DCCC XC.

RAPPORT

SUR

LA MISSION HYDROGRAPHIQUE

DE MADAGASCAR

EN 1887-1888.

RAPPORT

SUR

LA MISSION HYDROGRAPHIQUE

DE MADAGASCAR

EN 1887-1888,

PAR

M. FAVÉ,

INGÉNIEUR HYDROGRAPHE.

(Extrait des Annales hydrographiques, 1890.)

PARIS.

IMPRIMERIE NATIONALE.

M DCCC XC.

RAPPORT

SUR

LA MISSION HYDROGRAPHIQUE

DE MADAGASCAR

EN 1887-1888.

Les documents hydrographiques que l'on possédait en 1887 sur l'extrémité Nord de Madagascar se composaient, abstraction faite de cartes anciennes très inexactes, des levés faits par les Anglais en 1824 et 1825 sous la direction d'Owen, et des travaux exécutés, de 1830 à 1850, par divers officiers de la marine française.

Owen avait publié une carte à l'échelle de $\frac{1}{220000}$ environ (n° 676) s'étendant du cap d'Ambre au Sud du cap Saint-Sébastien et comprenant la baie de Diégo Suarez. La majeure partie de cette carte, jugée trop imparfaite, a été supprimée par l'amirauté anglaise, qui n'a conservé que la partie voisine du cap d'Ambre; entre l'île Hay (Nosy-Hao) et Nossi-Mitsiou, on en était réduit à la carte générale du Nord de Madagascar (n° 1441) à une échelle trop petite pour permettre de naviguer avec sécurité en dedans des îles.

Sur la côte N. O., on avait les cartes anglaises n°° 705, 704, 702 et 701 reproduites par l'hydrographie française, contenant les îles Radama, les baies Narecnda, Majambo, Bembetoke; mais les positions relatives de ces baies étaient mal déterminées, et les portions de côte intermédiaires peu connues.

L'amiral Jehenne, alors capitaine de corvette, leva, en 1841, avec le concours de MM. Passama, Cloué, Souzy et Dufrétay, officiers de *la Prévoyante*, la partie comprise entre Nossi-Mitsiou et les îles Bermahomey (Iranja) et publia les cartes 988, 989, 990 et 991 donnant cette portion de la côte à l'échelle d'environ $\frac{1}{150000}$ et les plans détaillés des îles Nossi-Mitsiou, des mouillages de Nossi-Bé et de la baie de Bavatoubé (Ambavatoby).

En 1849, M. Boutroux, ingénieur hydrographe, leva avec le concours de M. Lefèvre, aspirant, la baie de Passandava (Ampasindava), carte n° 1451, et les mouillages des îles Mamoukou et Bararata, cartes n°° 1424 et 1452.

La baie de Diégo Suarez avait été levée de nouveau, en 1833, par MM. Bigeault, commandant *la Nièvre*, et par les officiers de ce bâtiment: cette carte est encore incomplète et peu exacte. Sur la côte N. E., on possède les plans de la baie de Rigny, de Port Leoké, etc., levés par Owen et quelques officiers français, mais les portions de côte intermédiaires sont très imparfaitement connues.

Le Ministre de la marine ayant décidé, au commencement de 1887, l'envoi à Madagascar d'une mission hydrographique, composée de MM. Favé et Cauvet, sous-ingénieurs, nous reçûmes l'ordre de partir de Marseille le 9 mars pour aller à Diégo Suarez nous mettre à la disposition du commandant de la division navale de l'océan Indien.

Le 5 avril, nous débarquions à Diégo Suarez, où M. le contre-amiral Darlodot des Essarts, alors capitaine de vaisseau, nous annonça son intention de faire commencer nos travaux sur la côte Ouest, dans le voisinage de Diégo Suarez, et de mettre à notre disposition, faute d'autre navire, la canonnière *la Tirailleuse*.

La mousson de S. E. allait commencer, et tout travail hydrographique devenait impossible sur la côte Est de l'île jusqu'au mois de novembre suivant. Le levé de la partie de la côte où nous allions opérer était d'ailleurs d'un intérêt assez urgent, tant à cause du voisinage de notre possession nouvelle, que pour la facilité des communications entre ce point et l'Ouest de l'île, en franchissant l'étroite langue de terre séparant la baie de Diégo Suarez de celle du Courrier, sans être obligé de doubler le cap d'Ambre, passage difficile pour les petits navires pendant une grande partie de l'année.

Une triangulation partielle des environs de notre possession a été faite, en 1886, par M. Grégoire, ingénieur colonial, et les officiers de *la Meurthe* avaient commencé, en 1887, une triangulation des points principaux de la baie.

Les résultats de ces opérations ne nous ayant pas paru offrir une précision suffisante pour servir de points de départ à un levé de grande étendue, nous avons utilisé le temps dont nous disposions avant notre départ pour Nossi-Bé, en effectuant la mesure d'une base, sa jonction avec les points principaux de la baie de Diégo Suarez et avec ceux sur lesquels nous devions appuyer notre levé de la côte Ouest, et en déterminant la latitude d'Antsirana [1].

Ces opérations, commencées le 9 avril, interrompues par des accès de fièvre qui nous prirent presque simultanément dès le début, ne furent achevées que le 10 mai.

Le 11, nous embarquions sur *le Nielly* qui nous conduisait à Nossi-Bé, où se trouvait *la Tirailleuse*.

[1] Cette triangulation a servi à appuyer les levés exécutés par les officiers d'infanterie et d'artillerie de marine, aux environs de Diégo Suarez.

Cette canonnière, avec laquelle nous avons exécuté presque exclusivement nos levés jusqu'en septembre 1888, convenait peu au travail que nous avions à faire. Construite uniquement en vue de la navigation fluviale, elle n'avait en rien les qualités d'un navire de mer, et si, au point de vue hydrographique, son faible tirant d'eau était une condition favorable, cet avantage était plus que compensé par la fragilité de sa coque que le moindre choc pouvait crever, par sa difficulté d'évolution et par les retards considérables que l'absence de qualités nautiques apportait aux déplacements.

Il a fallu toute la prudence et l'habileté de M. le lieutenant de vaisseau Texier qui la commanda jusqu'en juin 1888 et de son successeur M. Porte pour que les nombreux trajets représentant environ 6000 milles qu'elle eut à faire avec deux lourdes embarcations à la remorque, aient pu s'effectuer sans accidents.

Outre leur expérience de marins, nous avons trouvé chez ces deux officiers, dont le second est mort victime du climat peu de temps après notre départ, le plus grand empressement à faciliter notre tâche.

Un canot White de 7ᵐ75, envoyé sur notre demande, embarcation très maniable, calant peu d'eau, d'une marche rapide, et résistant grâce à l'adjonction de rideaux de toile à une mer assez grosse, convenait parfaitement au service hydrographique et nous rendit les plus grands services dans des parages où la brise était trop forte pour que l'usage d'embarcations à l'aviron fût possible.

La faculté de chauffer à l'eau de mer était indispensable dans un pays où l'on est souvent forcé de faire usage d'eau distillée, même pour le lavage.

Malheureusement, la solidité est sacrifiée, dans ces embarcations, à la légèreté, et la résistance de plusieurs pièces de la machine était insuffisante pour un service aussi dur et aussi prolongé que celui auquel nous devions la soumettre. Les avaries étaient fréquentes et auraient pu être particulièrement dangereuses lorsque nous opérions loin du bord dans des parages où la brise soufflant de terre aurait entraîné l'embarcation au large.

L'insuffisance des moyens de réparations sur *la Tirailleuse* nous fit perdre un temps considérable en nous privant d'un outil indispensable dans les circonstances où nous étions.

La chaudière est la partie faible de ces embarcations et, en attendant que les divers moteurs actuellement étudiés soient d'un usage pratique, il faudrait munir les embarcations de ce type, affectées à l'hydrographie, d'une chaudière de rechange; il serait utile aussi de ne les confier qu'à un personnel spécialement exercé à leur maniement.

La baie Ambavanibé (port Liverpool) nous ayant paru un point favorable pour exercer le personnel absolument neuf qui était attaché à la mission, le levé en fut commencé le 16 mai. Dès le début, la mousson de S. E. se fit sentir avec une intensité qui s'accrut rapidement. Fran-

chissant la terre, la brise tombait en rafales violentes soulevant une mer
très creuse à très petite distance de terre.

Après une interruption causée par des circonstances étrangères à l'hydrographie, le levé fut repris le 13 juin, mais les trajets en embarcation devenant dangereux et le travail presque impossible nous abandon-
nâmes ce point le 16 pour reprendre le travail dans des parages un peu
plus abrités.

Les opérations furent poursuivies vers le Sud à partir de la baie du
Courrier jusque par le travers de Nosy-Mitsio; le 1ᵉʳ octobre le travail fut
repris vers le Nord, et ce ne fut qu'à grand'peine que nous achevâmes le
levé de la baie Ambavanibé, le temps étant presque aussi mauvais que
lorsque nous l'avions abandonnée.

Le 25 novembre nous revenions à Nossi-Bé, le canot à vapeur et la
baleinière étaient hors de service et demandaient des réparations qui
durèrent près de trois mois. Aucun navire de la division n'étant disponible
pour l'hydrographie, nous fûmes envoyés conformément aux instructions
ministérielles à la Réunion, où les trois mois que dura notre séjour furent
mis à profit pour rédiger une grande partie de nos levés.

Nous étions de retour à Nossi-Bé au commencement d'avril 1888,
la Tirailleuse était encore à cette époque le seul navire disponible pour
l'hydrographie. Nous étions arrivés l'année précédente à la limite Nord de
la carte 988 en poussant les sondes aussi loin de la côte qu'il était possible
de le faire sans trop de danger avec les moyens dont nous disposions.
Au Sud du point où nous nous étions arrêtés, nous trouvions les levés
de l'amiral Jehenne et ceux de M. Boutroux, ingénieur hydrographe, dans
la baie d'Ampasindava; cette partie de la côte était une des mieux levées
de l'île.

Au Sud d'Ambavatoby au contraire, s'étendent une portion de côte bor-
dée de bancs qui n'était figurée que sur la carte générale du Nord de l'île,
puis les îles Radama dont le plan levé en 1824 par les Anglais était assez
défectueux pour qu'il fût impossible d'y placer les bancs nouvellement
découverts. Après une lacune figurée en pointillé sur la carte 1441 venait
la carte de la baie Narenda, dont certains points paraissaient en erreur
d'environ 5 milles.

Nous proposâmes en conséquence au commandant de la division navale
de reprendre le travail au Sud d'Ambavatoby. Notre triangulation nous
permettait de rejoindre les deux portions de nos levés en y reliant les
points principaux de ceux de Jehenne et de Boutroux.

Le 10 avril nous commencions le travail qui fut poursuivi avec un
temps généralement favorable jusqu'au 23 août.

Le Boursaint ayant été mis à la disposition de la mission hydrographique du 17 au 29 août, M. Cauvet mit ce temps à profit pour étendre
les sondes aux environs du cap Saint-Sébastien et pour compléter le levé
des bancs et des îles du large.

Le mois de septembre fut employé à prolonger la triangulation jusqu'à la pointe Maromony, à reconnaître la côte au Sud de la baie Narcenda et à déterminer la longitude et la latitude de Mojanga.

Le tableau suivant résume le nombre des journées de travail :

		1887.	Différences.	1888.	Différences.
Nombre de jours de présence	sur les côtes de Madagascar.	246	64	177	82
	sur les lieux de levés.....	182		95	
Nombre moyen de jours de travail	sur les lieux de levés.....	182	65	95	23
	pour chaque ingénieur....	117		72	

On voit combien la proportion du temps réellement utilisé est faible par rapport à la durée totale de la mission.

Les premières différences, 64 jours pour la première année, 82 pour la seconde, indiquent le temps considérable passé soit en route, soit au mouillage; trajets et séjours nécessités par les ravitaillements, les réparations, l'arrivée et le départ des courriers, les préparations aux inspections générales, etc.

Les secondes différences, 65 jours en 1887 et 23 en 1888, déduction faite des chômages dus à des cas de force majeure tels que maladie ou mauvais temps et des jours qu'il a fallu consacrer sur les lieux mêmes à une rédaction provisoire, représentent le temps où l'insuffisance du personnel et du matériel ne permettait pas un travail simultané.

Enfin, pour donner un exemple de l'utilisation du temps, nous dirons que dans la baie Ambavanibé sur un total de 43 jours de travail pour les deux ingénieurs ensemble le nombre d'heures d'opérations relevé sur les cahiers ne s'élève qu'à 116. En déduisant le repos nécessaire aux heures les plus chaudes et le temps où la brise ne permettait pas la sonde, on voit combien le temps consacré aux trajets à la voile ou à l'aviron malgré la proximité du navire dans cette baie fermée de dimensions restreintes est considérable par rapport au temps réellement utilisé.

Il résulte de là que, pour opérer d'une façon fructueuse sur ces côtes dont nous n'avons pas abordé les parties les plus difficiles, il serait nécessaire d'avoir un navire et une organisation bien appropriés au but, un outillage complet comportant avant tout des embarcations à vapeur, en aussi grand nombre que possible et un personnel suffisant; qu'il serait facile de réduire dans une proportion considérable le temps à passer sur ces côtes malsaines et que c'est ainsi seulement que l'on viendra à bout d'une œuvre aussi importante et aussi laborieuse que le levé complet des côtes de Madagascar, sans y consacrer un temps et des efforts exagérés.

Nous allons examiner successivement les opérations effectuées, en décrivant sommairement les méthodes employées et en donnant les résultats obtenus.

MESURE DE LA BASE.

La base a été mesurée sur le plateau qui domine le village de Diégo au moyen d'un ruban d'acier de 20 mètres, suivant une méthode indiquée par M. l'ingénieur hydrographe Hatt.

Cinq bancs en charpente de 5 mètres chacun permettaient en les plaçant bout à bout d'étendre le ruban sur une surface régulière. Les deux bancs extrêmes portaient en leur milieu une glissière en métal munie d'une broche verticale d'un rayon égal à la profondeur des encoches pratiquées dans les deux poignées du ruban. On mesurait à chaque portée la distance d'un trait tracé sur les glissières à un trait fixe tracé sur les coulisses dans lesquelles elles se mouvaient, lorsque les deux broches étaient en contact avec les extrémités du ruban auquel un poids donnait toujours la même tension. Le terrain était, sauf sur une petite partie, presque plan et la correction obtenue par un nivellement fait au théodolite ne s'élève qu'à $0^m,068$. Le ruban comparé avant le départ au ruban étalon du Service hydrographique avait une longueur de $20^m,0114$ à la température de 14 degrés.

Les températures pendant la mesure n'ont pû être connues qu'avec une approximation assez faible au moyen d'un thermomètre à mercure placé à côté du ruban.

Deux bornes en maçonnerie munies de repères marquaient les deux extrémités de la base, la distance de ces repères, toutes corrections faites, a été trouvée :

Par une première mesure, de...................... $1044^m,295$
Par une seconde mesure, de...................... $1044^m,296$

Une coïncidence aussi parfaite des deux résultats est évidemment fortuite, cependant d'autres mesures faites suivant cette méthode par divers opérateurs en d'autres lieux ont donné des accords de même ordre. Vu la difficulté d'évaluer exactement plusieurs des corrections, en particulier celle des températures, nous pensons que l'approximation réelle doit être de quelques centimètres.

La disposition du terrain, quoique très favorable en apparence, n'a pas permis de mesurer une longueur plus grande.

La distance adoptée pour les centres du théodolite placé aux deux extrémités près des repères est de 1049 mètres; la réduction au niveau de la mer est négligeable.

On a déterminé par un triangle la position d'un jalon placé sur le promontoire du cap Diégo, puis celle des deux jalons placés à peu près dans le prolongement de la base, ce qui a permis de déterminer la position du pilier ayant servi aux observations méridiennes d'Antsirana et de passer de là aux autres signaux de la baie de Diégo Suarez.

TRIANGULATION.

La triangulation a été faite en entier, sauf pour quelques points secondaires, avec le théodolite réitérateur à microscopes n° 2 de Brünner.

Cet instrument est muni de deux microscopes micrométriques pour chacun des limbes d'un rayon de $0^m,07$ environ. Les tambours de ces microscopes portent des divisions de 10" en 10" assez écartées pour que l'on apprécie facilement la seconde à vue. Le trépied, supportant un cercle de métal du modèle de ceux des cercles azimutaux du Service hydrographique permettant un écartement plus grand que dans les modèles ordinaires des deux montants formant chaque pied, était d'une stabilité remarquable même par les plus fortes brises.

L'usage des microscopes donne une précision et surtout une facilité de lecture très supérieures à celui des verniers pour des cercles de dimensions égales; l'instrument convient également bien à la mesure des angles horizontaux et à celle des distances zénithales, à la triangulation et aux observations astronomiques, et répond parfaitement aux besoins d'une campagne du genre de la nôtre.

Le poids de l'instrument avec la boîte est d'environ 15 kilogrammes; un seul homme peut le transporter assez facilement, mais il est préférable d'en employer deux. On pourrait sans inconvénient augmenter un peu les dimensions pour les instruments à construire en conservant sauf pour quelques détails les mêmes dispositions.

Nous ferons remarquer que, contrairement à une opinion généralement admise, il y a grand avantage à employer, même pour les triangulations destinées à appuyer les levés hydrographiques pour lesquelles une extrême précision est souvent inutile, vu le but qu'on se propose et la nature des signaux, des cercles aussi grands et des lunettes aussi puissantes que le comporte la facilité des transports. Souvent, en effet, une lunette puissante permet de distinguer dans un massif d'arbres ou sur une croupe arrondie un point permettant des visées précises, tandis qu'une autre moins forte ne fait voir qu'une masse informe impropre à servir à la détermination d'autres signaux. On arrive ainsi pour une précision égale, à diminuer le nombre des triangles, à établir des côtés plus longs, à se contenter d'angles plus petits, et par suite à épargner du temps et de la fatigue.

On peut faire les mêmes remarques en ce qui concerne les signaux solaires qui, loin d'être utiles seulement pour les triangulations de haute précision, sont précieux pour éviter la construction de signaux de dimensions très grandes en des points où les matériaux manquent souvent et qui sont en tous cas très longs à établir; nous en avons fait usage deux fois.

Les angles des triangles voisins de la base ont été mesurés par plusieurs réitérations, cercle à droite et cercle à gauche, en tournant dans les deux sens pour éliminer l'influence de la torsion du pied. Ayant reconnu que, vu la grande précision de la division, les erreurs de pointés sur les signaux naturels dont il a fallu nous contenter dans la suite rendaient négligeables celles que la réitération permet de faire disparaître, et étant souvent pressés par le temps, nous avons laissé de côté une partie de ces précautions. On n'a pointé que le trait le plus voisin du zéro dans chaque microscope; le réglage rendait négligeable la correction du tour de vis.

Jusqu'au cap Saint-Sébastien la triangulation s'appuie sur des signaux artificiels, en général des cônes en pierres sèches élevés autour d'un mât; au Sud il a fallu se contenter souvent de signaux naturels, en général des arbres; les pointés faits sur la partie la plus élevée ont donné une précision suffisante. Il a été quelquefois difficile de reconnaître le point le plus élevé sur certains sommets, deux arbres paraissant également hauts, ou changeant de hauteurs relatives avec l'éloignement. L'ambiguïté a été levée en visant les points douteux de chacune des stations d'où ils étaient visibles; les vérifications ont été satisfaisantes. Ce cas s'est présenté en particulier en franchissant la presqu'île des Deux-Sœurs; toutes les montagnes de l'intérieur étant boisées, les stations y étaient impossibles sans des travaux impraticables.

L'un des points principaux de la triangulation situé sur la côte à l'Est de Nosy-Mitsio, n'ayant pu être relevé d'aucune station, a été déterminé par des segments capables et un azimut.

La nécessité de mener de front les travaux de topographie, de sondes et de triangulation, l'absence de cartes et le plus souvent de guides, le défaut de temps pour des reconnaissances préalables ont été cause que certaines stations ont dû être faites en deux fois et que le choix des sommets n'a pas toujours été le meilleur possible.

On n'a pas fait usage pour le cheminement d'angles inférieurs à 30 degrés et on verra par l'examen des résultats que la précision peut être regardée comme satisfaisante.

Chaque point a été déterminé par trois segments ou relèvements au moins, il y a donc eu toujours vérification. Tous les éléments ont été construits graphiquement à des échelles variant de $\frac{1}{15}$ à $\frac{1}{155}$ et discutés sur la figure ainsi obtenue.

M. l'ingénieur hydrographe Hatt [1] a fait voir tout le parti que l'on pouvait tirer de cette méthode, et a donné le moyen d'éviter le calcul du point par la station si laborieuse par les anciens procédés. Nous avons fait usage d'un mode de calcul et de construction qui nous semble plus simple et plus facile à retrouver que celui qu'il indique dans l'article cité.

Soient A et B les deux points connus. M la position approchée du point cherché, ε la différence très petite entre l'angle M et l'angle observé

<hr>

[1] *Annales hydrographiques*, 1ᵉʳ semestre 1883.

(fig. 1), traçons le segment capable de l'angle $M + \varepsilon$, il coupe les lignes

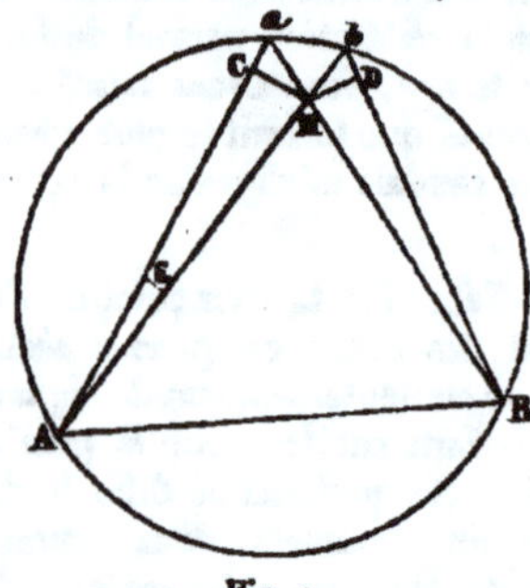

Fig. 1.

AM et BM en a et b. Joignons Aa, Bb. Abaissons de M les perpendiculaires MC et MD.

On a

$$MC = AM \sin \varepsilon = aM \sin(M + \varepsilon),$$

d'où

$$aM = \frac{AM \sin \varepsilon}{\sin(M + \varepsilon)},$$

ou avec une approximation suffisante :

$$aM = \frac{AM}{\sin M} \varepsilon \sin 1''.$$

On a de même

$$bM = \frac{BM}{\sin M} \varepsilon \sin 1''.$$

Le calcul se réduit donc à chercher l'angle M par les formules :

$$\operatorname{tg} V = \frac{x_{\text{A}} - x_{\text{M}}}{y_{\text{A}} - y_{\text{M}}}, \qquad \operatorname{tg} V' = \frac{x_{\text{B}} - x_{\text{M}}}{y_{\text{B}} - y_{\text{M}}}, \qquad M = V - V'.$$

Les distances AM, BM sont

$$AM = \frac{x_{\text{A}} - x_{\text{M}}}{\sin V}, \qquad BM = \frac{x_{\text{B}} - x_{\text{M}}}{\sin V'}.$$

En multipliant ces valeurs par $\frac{\varepsilon \sin 1''}{\sin M}$ on a immédiatement les longueurs Ma, Mb que l'on porte au delà du point M si l'angle observé est plus petit que l'angle calculé, en deçà dans le cas contraire. Il n'y a donc aucune ambiguïté, le calcul et la construction sont réduits au maximum de simplicité. En observant que dans le quadrilatère inscriptible A*a* B*b*, l'angle *a* est égal à l'angle A, on a un moyen très simple de vérifier la construction, l'angle A étant donné soit par le calcul, soit par la construction graphique provisoire qui a dû forcément précéder le calcul.

La difficulté que l'on rencontre lorsque l'une des longueurs M*a* ou M*b* est trop grande à l'échelle de construction est facile à lever, et de même ordre d'ailleurs que celles auxquelles donne lieu la construction de la droite dont M. Hatt a établi l'équation.

On donne d'ordinaire, pour que l'on puisse apprécier la précision d'une triangulation, l'erreur de fermeture des triangles. Un certain nombre de nos triangles n'ayant pu être fermés, et un assez grand nombre de visées ayant concouru à la détermination de certains signaux, il nous a paru utile de donner, à la suite du tableau des positions, d'une part la moyenne des distances des points adoptés à tous les relèvements ou segments ayant servi à déterminer chacun d'eux, d'autre part pour les points les plus importants la moyenne des écarts angulaires de ces lignes. Il importe de remarquer que l'on a pris la moyenne des distances à *toutes* les lignes ayant concouru à la détermination des points, même à celles dont, pour une raison quelconque, on n'a tenu que très péu de compte. Dans ces conditions on peut se faire une idée assez exacte de l'approximation obtenue.

L'erreur angulaire moyenne en ce qui concerne les points principaux est de 2″,3 pour la partie où l'on s'est servi seulement des signaux artificiels, de 3″,1 pour la partie où sont intervenus des signaux naturels, de 2″,7 pour l'ensemble. Un triangle isocèle ayant pour côté la distance du pilier d'Antsirana à celui de Nosy-Lava, soit 310,000 mètres, en supposant une erreur de 2″,7 sur chaque angle, donne un petit triangle d'erreur ayant pour rayon du cercle inscrit 3ᵐ,40.

ALTITUDES.

Les altitudes ont été obtenues en mesurant avec le théodolite les distances zénithales de l'horizon de la mer et des points visibles de la station et ont été calculées les premières par la formule :

$$H = \frac{K \cos\left(Z_0 + nc - \frac{C}{2}\right)}{\sin(Z_0 + nc - c)}, \qquad c = \frac{K}{R \sin 1''},$$

les secondes par la formule :

$$H = (z - 90°)^2 \frac{R \sin^2 1''}{2(1 + 2n)}$$

dans lesquelles on a pris *n* = 0,076 ; les altitudes trouvées ont été ramenées au niveau moyen de la mer. On a tenu compte de l'inclinaison de l'axe au moyen des indications du niveau.

OBSERVATIONS ASTRONOMIQUES.

AZIMUTS.

Les azimuts ont été observés au théodolite à microscopes en visant les deux bords du soleil alternativement, le cercle vertical tantôt à droite, tantôt à gauche; l'état du compteur était donné peu de temps avant ou après par des distances zénithales prises avec le même instrument.

On a rapporté les azimuts à des points éloignés dont la visée offrait le plus de précision possible.

Azimut du pilier d'Antsirana au signal Oronjia :

Observations au pilier d'Antsirana, 26 avril 1887, matin..	79° 12′ 24″
Observations au pilier d'Antsirana, 30 avril 1887, soir....	79° 12′ 17″
Observations au signal Oronjia, 3 mai 1887, matin........	79° 12′ 16″
Azimut adopté..	79° 12′ 19″

Azimut de la vigie d'Hellville au feu de Tany-Kely :

Observations à la vigie, 20 juillet 1887, soir...........	197° 25′ 16″
Observations au mât de pavillon d'Hellville, 26 juillet 1887, matin.................................	197° 25′ 21″
Azimut adopté pour la suite de la triangulation vers le Sud.	197° 25′ 18″

Azimut du pilier de Nosy-Lava au signal Saba :

Observations au pilier de Nosy-Lava, 1ᵉʳ août 1888, soir...	10° 1′ 20″
Observations au pilier de Nosy-Lava, 2 août 1888, matin..	10° 1′ 10″
MOYENNE........................	10° 1′ 15″

Azimut Ankareana au Sᵗ-Arbre :

Déduit de l'azimut adopté pour le côté *Pilier d'Antsirana au signal Oronjia* et de la triangulation................	215° 5′ 4″
Déduit des observations à Hellville................	215° 5′ 12″
DIFFÉRENCE........................	8″

On a tenu compte du dernier azimut pour le calcul de la position du Sᵗ-Arbre et du signal Nosy-Komba.

Azimut du pilier de Nosy-Lava au signal Nosy-Saba :

Déduit de la triangulation........................	10° 1′ 23″
Observé au pilier de Nosy-Lava........................	10° 1′ 15″
DIFFÉRENCE........................	8″

On a conservé les coordonnées déduites de l'azimut observé à Hellville.

LATITUDES.

Les latitudes ont été observées à Antsirana, à Hellville, à Nosy-Lava et à Mojanga au moyen du cercle méridien de Brünner n° 2.

Cet instrument porte deux microscopes dont les divisions des tambours valent 2″. Il a été établi sur des piliers en maçonnerie qui, construits par des ouvriers inexpérimentés, n'ont pas offert toujours la stabilité désirable. On a établi partout un plancher reposant sur des points d'appui distants de 1ᵐ,50 environ du pilier. Une cabane en planches, en feuilles de palmier ou de simples toiles servaient d'abri.

Les pointés au nadir ont été faits en se plaçant au Nord et au Sud du pilier, et on a appliqué les résultats obtenus aux étoiles correspondantes.

On a visé les deux traits du limbe situés de part et d'autre du zéro et les lectures ont été corrigées de la valeur du tour de vis obtenue par l'ensemble des observations de chaque soirée pour la même position du cercle. Les observations ont été faites cercle à l'Est et cercle à l'Ouest; on n'a malheureusement pas pu, faute de temps, obtenir une symétrie complète dans les observations en observant les mêmes étoiles dans les deux positions, ni les répartir également des deux côtés du zénith. On n'a pas changé la position du zéro des divisions du limbe. Les observations ont été souvent rendues difficiles par la brise ou par les nuages. Les étoiles ont été toutes prises dans la *Connaissance des Temps*.

La vérification de l'azimut de la lunette a été faite chaque soir par quelques observations de passages.

On n'a pas pu déduire des observations une valeur de la flexion permettant de corriger chaque observation. On a adopté la moyenne des quatre valeurs assez différentes données par les étoiles passant au Nord et au Sud dans les deux positions du cercle. Quelques étoiles passent à une grande distance du zénith, mais leur élimination ne modifie pas sensiblement les moyennes.

Vu la dissymétrie des observations, leur petit nombre et l'impossibilité d'éliminer les erreurs systématiques, il n'y a pas lieu de leur appliquer le calcul des probabilités pour obtenir la valeur de l'erreur probable.

Nous avons cependant fait le calcul pour la *moyenne des observations* qui diffère un peu des valeurs adoptées. Les erreurs considérées dans leur ensemble et sans tenir compte de leur origine suivent d'ailleurs assez exactement la loi des erreurs accidentelles.

On trouve ainsi :

Pour Antsirana. $12°\,16'\,19″,3$	Erreur probable d'une observation. $1″,54$	
	Erreur probable de la moyenne... $0″,20$	
Pour Hellville.. $13°\,24'\,24″,0$	Erreur probable d'une observation. $2″,13$	
	Erreur probable de la moyenne... $0″,18$	
Pour Nosy-Lava. $14°\,32'\,17″,9$	Erreur probable d'une observation. $0″,95$	
	Erreur probable de la moyenne... $0″,14$	
Pour le pilier de Mojanga.... $15°\,43'\,24″,6$	Erreur probable d'une observation. $0″,95$	
	Erreur probable de la moyenne... $0″,14$	

Nous donnons ces chiffres à titre de renseignements comparatifs, mais l'approximation réelle est au-dessous des valeurs ainsi trouvées.

NOMS DES POINTS.	LATITUDES déduites de celles de Nosy-Lava par la triangulation.	LATITUDES observées.	DIFFÉRENCES.
Antsirana................	12° 16′ 19″,6	12° 16′ 25″,5	— 3″,9
Hellville................	13° 24′ 23″,4	13° 24′ 20″,7	+ 2″,7
Nosy-Lava...............	14° 32′ 18″,0	14° 32′ 18″,0	0

Les différences de latitude déduites de la triangulation offrent avec celles des observations directes des désaccords qu'on peut difficilement attribuer à une erreur sur la mesure de la base, à des erreurs provenant de la triangulation ou à celles des mesures directes.

Il semble assez plausible de les attribuer à des attractions locales. Les deux observations du Nord sont faites à proximité du littoral d'une terre très vaste, dans un pays volcanique, et celle d'Antsirana à peu de distance au Nord d'un massif montagneux s'élevant à près de 1,400 mètres. Les profondeurs de la mer deviennent considérables non loin de la côte. Il nous a paru préférable de ne pas faire subir aux longitudes et aux distances des modifications non justifiées et de garder les coordonnées obtenues en partant de la base et en adoptant pour origine des latitudes celle qui a été observée à Nosy-Lava à grande distance de toute montagne importante et dans des conditions meilleures que les deux autres.

LONGITUDES.

Nous avons adopté comme longitude de départ celle du débarcadère d'Hellville résultant de la discussion faite par M. Caspari (*Annales hydrographiques*, 1ᵉʳ semestre 1886) dont le résultat a été un peu modifié par l'intervention de quelques déterminations postérieures.

On a ainsi en partant des longitudes adoptées :

    Saint-Denis (Réunion)............................ 53° 7′ 0″ long. E.
    Mayotte... 42° 46′ 15″
    Sainte-Marie.................................... 45° 57′ 8″

par 33 voyages faits entre tous ces points et Nossi-Bé,

    Hellville (Débarcadère).......................... 45° 57′ 5″

LONGITUDE DE MOJANGA.

La différence de longitude entre le pilier de Nosy-Lava et celui de Mojanga a été déterminée par le transport du temps au moyen de trois chronomètres.

Les états ont été déterminés par des distances zénithales observées au théodolite à microscopes à peu près à égale distance du zénith le matin et le soir.

Huit paires de distances zénithales mesurées chaque fois ont donné des résultats s'accordant d'une façon satisfaisante, les écarts maxima ne dépassent pas quelques dixièmes de seconde. Les comparaisons étaient faites avec un compteur battant les 2/5 de seconde par la méthode des coïncidences.

DIFFÉRENCES ENTRE LES ÉTATS OBSERVÉS LE MATIN ET LE SOIR
RAMENÉS AU MÊME INSTANT.

DATES.	LIEUX D'OBSERVATION.	OBSERVATEURS.	THERMOMÈTRE.	BAROMÈTRE.	DISTANCES ZÉNITHALES.	DIFFÉRENCES.
1ᵉʳ septembre soir....	Nossi-Bé.....	M. Cauvet...	28°	765	63	0°,9
2 septembre matin...	Idem..........	M. Favé.....	25	765	49	
7 septembre soir.....	Idem..........	Idem.........	29	765	64	1 ,0
7 septembre matin...	Idem..........	Idem.........	23	765	67	
9 septembre soir.....	Nosy-Lava...	Idem.........	28	763	56	2 ,5
9 septembre matin...	Idem..........	Idem.........	24	764	54	
12 septembre soir....	Mojanga.....	Idem.........	27	762	63	0 ,8
12 septembre matin..	Idem..........	Idem.........	26	764	60	
17 septembre soir....	Idem..........	Idem.........	30	764	67	1 ,3
17 septembre matin..	Idem..........	Idem.........	22	764	62	
19 septembre soir...	Nosy-Lava....	Idem.........	28	764	67	1 ,5
20 septembre matin..	Idem..........	Idem.........	24	766	60	
24 septembre soir....	Nossi-Bé.....	M. Cauvet...	28	764	47	2 ,8
24 septembre matin..	Idem..........	Idem.........	25	768	65	

On voit que les différences entre les états déterminés le matin et le soir sont assez fortes et irrégulières, la différence des équations personnelles des deux observateurs n'a pas été déterminée.

On a déduit les marches des observations du matin et de celles du soir indépendamment pour les trois chronomètres.

TABLEAU DES MARCHES.

INTERVALLES.	TEMPÉRATURE MOYENNE.	a.	b.	c.	OBSERVATIONS.
Du 2 au 7 septembre (matin).........	25°,1	— 5°,30	— 2°,54	+ 1°,60	Au mouillage.
Du 1ᵉʳ au 7 septembre (soir).........	25 ,0	— 5 ,33	— 2 ,55	+ 1 ,51	A Hellville.
Du 7 au 9 septembre (matin).........	26 ,0	— 5 ,15	— 2 ,05	+ 1 ,65	La journée du 8 et la matinée du 9 à la mer.
Du 7 au 9 septembre (soir)..........	26 ,0	— 5 ,90	— 2 ,70	+ 0 ,90	
Du 12 au 17 septembre (matin).........	23 ,6	— 5 ,32	— 2 ,3c	+ 1 ,50	Mouillage de Mojanga.
Du 12 au 17 septembre (soir)..........	23 ,6	— 5 ,40	— 2 ,37	+ 1 ,44	
Du 9 au 20 septembre (matin).........	24 ,7	— 5 ,57	— 2 ,60	+ 1 ,21	A la mer le 18 de 6ʰ à minuit et le 19 de 6ʰ à 12ʰ du matin.
Du 9 au 19 septembre (soir)..........	24 ,6	— 5 ,48	— 2 ,53	+ 1 ,28	
Du 20 au 24 septembre (matin).........	27 ,10	— 5 ,18	— 2 ,42	+ 1 ,35	Le 20 au mouillage, 21 et 22 à la mer, 23 et 24 au mouillage d'Hellville.
Du 19 au 24 septembre (soir)..........	26 ,4	— 5 ,48	— 2 ,68	+ 1 ,12	

En faisant la différence des états à Nosy-Lava le 9 septembre et le 20, en en retranchant la différence des deux états observés à Mojanga et en divisant par l'intervalle de temps, on obtient pour marche moyenne pendant l'aller et le retour de Nosy-Lava à Mojanga.

	a.	b.	c.
Par les états du matin..........	— 5°,78	— 2°,85	+ 0°,97
Par les états du soir..........	— 5 ,56	— 2 ,72	+ 1 ,12

Ce qui donne les différences de longitude suivantes :

	a.	b.	c.
Par les états du matin..........	5ᵐ12°,5	5ᵐ12°,5	5ᵐ12°,9
Par les états du soir..........	5ᵐ13°,6	5ᵐ13°,7	5ᵐ14°,8

Nous pensons qu'il y a lieu d'adopter la moyenne de ces six valeurs, sans faire intervenir les marches antérieures et postérieures aux voyages ni l'influence assez indéterminée de la température.

Nous adopterons donc pour la différence entre les deux piliers :

$$5^m 13^s,0 \text{ ou } 1° 18' 15''$$

Différence de longitude du pilier d'Hellville et du pilier de Nosy-Lava (triangulation)........................ 1° 39' 55'',6

Différence du pilier de Nosy-Lava au pilier de Mojanga (transport du temps).......................... 1 18 15 ,0

Différence du pilier d'Hellville à celui de Mojanga........ 1 58 10 ,6

Différence trouvée par M. Le Gal (Cosmao)............. 1° 58' 16'',6

Différence trouvée par M. Serres..................... 1 58   6 ,6

SONDES.

Les sondes ont été faites suivant les procédés ordinaires de l'hydrographie en prenant les précautions usitées pour éviter toute erreur dans la position du point et dans la valeur des divisions de la ligne. Nous ferons remarquer qu'un seul élément échappe presque toujours à toute vérification, c'est l'appréciation du fond par le sondeur.

Il serait nécessaire de n'employer que des hommes intelligents, consciencieux et exercés. Ces conditions étaient loin d'être réalisables pour nous pendant cette campagne, et nous avons constaté quelques erreurs provenant de ce fait.

Nous avons employé pour les sondes faites à bord du *Boursaint* une disposition déjà appliquée pendant deux campagnes hydrographiques en Corse à bord de *la Chimère* en 1884 et 1885 qui nous a donné de bons résultats. Le plomb de sonde est porté par une poulie roulant sur une draille allant de la vergue de misaine à l'un des bossoirs des embarcations de l'arrière. Un déclic permet de le faire tomber lorsqu'il arrive à la vergue. Cette disposition a l'avantage de faire franchir à la ligne tous les obstacles placés en abord du navire sans faire passer le plomb de main en main, et en faisant tomber le plomb d'une grande hauteur, d'accélérer sa chute dans l'eau pendant les premiers instants; le fond est ainsi atteint plus rapidement. On peut avec un plomb d'environ 20 kilogrammes obtenir de bonnes sondes par plus de 60 mètres sans stopper et en conservant au navire une vitesse suffisante pour bien gouverner et atténuer l'effet de la dérive.

Voici le système de déclic très simple que nous avons employé (fig. 2).

Une poulie à chape porte une tige articulée à sa partie supérieure au moyen d'un anneau, terminée inférieurement par un crochet et entourée par un cylindre de plomb pesant environ 4 kilogrammes. Une ligne amarrée à un anneau fixé latéralement à la tige permet de hisser l'ensemble formé par la poulie, la tige à crochet et le plomb qui y est suspendu. Lorsque la poulie est arrêtée par un cabillot amarré sur la draille, la tige bascule et le plomb tombe.

On arrive facilement à régler l'ouverture du crochet de façon que le
plomb ne puisse être détaché ni par des secousses accidentelles ni par

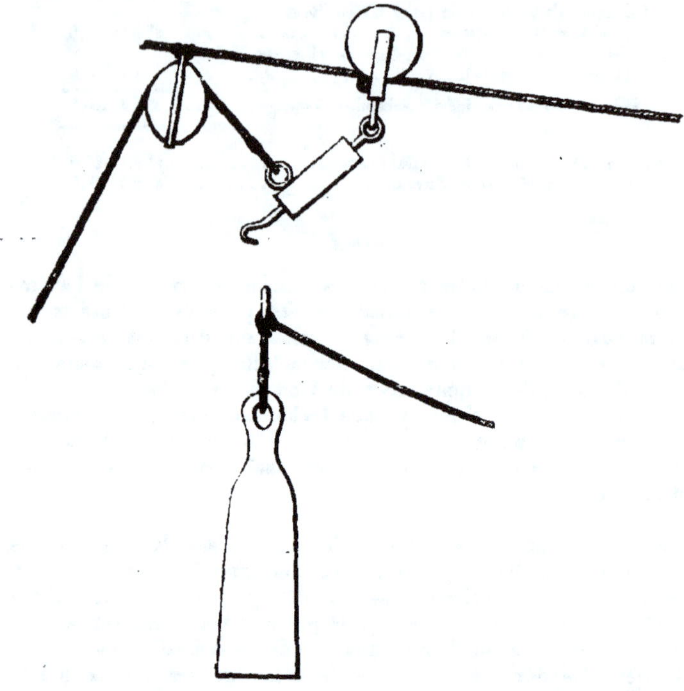

Fig. 2.

le roulis. Lorsque l'inclinaison n'est pas suffisante pour que la poulie
redescende par son propre poids, on y amarre une seconde ligne pour la
haler vers le bas. Deux hommes suffisent à la rigueur pour la manœuvre.

MARÉES.

Les sondes ont été réduites au niveau des plus basses mers au moyen
d'observations faites pendant toute la durée des opérations simultanément ou successivement en quatre points : la baie Ambavanibé, la baie
du Courrier, Hellville et Anorontsangana. Les observations étaient faites
au moyen d'une forte longue-vue sur une échelle divisée en décimètres
plantée à une distance suffisante du rivage pour que le pied n'assèche pas;
souvent à plusieurs centaines de mètres. A Hellville l'échelle placée le
long de la jetée pouvait être observée de près. On n'a pu avoir qu'un
très petit nombre d'observations de nuit à Hellville seulement.

2

Il y a en tous ces points deux pleines mers et deux basses mers par jour, la courbe de la marée affecte la forme d'une sinusoïde assez régulière.

L'amplitude maxima de l'onde diurne ne paraît pas dépasser 1/9 de l'amplitude de l'onde semi-diurne, soit pour Hellville environ 0^m,50.

L'unité de hauteur calculée au moyen des observations de jour seulement varie dans des limites assez étendues; nous donnons ci-après les maxima et les minima.

Les heures des pleines mers, assez mal déterminées à cause du peu de précision des observations, paraissent varier d'un jour à l'autre dans les limites de trois quarts d'heure environ.

NOMS DES POINTS.	UNITÉ DE HAUTEUR.			ÉTABLISSEMENT.
	MAXIMUM.	MINIMUM.	MOYENNE.	
Ambavanibé............	1,50	1,00	1,20	4^h 27^m
Baie du Courrier.	1,50	1,12	1,30	4 21
Hellville................	0,10	1,00	1,70	4 19
Anorontsangana..	2,10	1,00	1,70	4 31

DÉCLINAISONS.

Les déclinaisons ont été observées au moyen d'un petit théodolite de Hurlimann à pièce additionnelle donnant la demi-minute. Les aiguilles sont portées sur une pointe d'acier, la mobilité était assez grande, les résultats donnés par deux aiguilles différentes ne s'écartent pas de plus d'une minute.

Nous avons constaté l'influence considérable du sol, déjà souvent signalée, qui se traduit par des différences considérables dans la valeur de la déclinaison pour des positions très voisines. Il ne sera possible d'avoir la valeur de la variation annuelle qu'en faisant des observations à intervalles suffisamment éloignés et aussi rigoureusement que possible au même point. Nous avons en conséquence donné dans le tableau ci-joint, outre les positions géographiques, les coordonnées en mètres des points d'observation; il sera facile, connaissant les coordonnées des signaux de triangulation voisins, de retrouver les positions avec une grande approximation.

Les azimuts ont été observés en visant les deux bords du soleil, ou ont été déduits de la triangulation.

DÉCLINAISONS OBSERVÉES À MADAGASCAR EN 1887 ET 1888.

Les coordonnées des quatre premiers points sont rapportées au pilier d'Antsirana,
celles des quatre derniers au pilier d'Hellville.

POINTS D'OBSERVATION.	DATES.	COORDONNÉES.		POSITIONS GÉOGRAPHIQUES.		DÉCLINAISON.
		DISTANCE à la méridienne.	DISTANCE à la perpendiculaire.	LATITUDES.	LONGITUDES.	
Baie Ambavanibé	19 novembre 1887. (5ʰ du soir.)	— 9248	+ 19560	12° 5′ 46″,9	46° 52′ 27″,1	9° 50′ N. O.
Baie du Courrier.	5 août 1887. . . . . (9ʰ du matin.)	— 13923	+ 3721	12 16 24 ,5	46 49 55 ,2	8 38 N. O.
Antsirana (près du pilier).	8 mai 1887. . . . . . (9ʰ du matin.)	+ 1	+ 1	12 16 25 .5	46 57 36 ,2	7 12 N. O.
Nosy-Vovy	10 septembre 1887. (4ʰ 30ᵐ du soir.)	— 42682	— 36655	12 36 17 ,1	46 30 43 ,2	8 0 N. O.
Hellville (près du mât de pavillon).	26 juillet 1887. . . (9ʰ 30ᵐ du matin.)	— 18	+ 11	13 24 20 ,3	45 57 4 ,4	10 17 N. O.
Hellville (près du pilier).	11 août 1883. . . . . (8ʰ 30ᵐ du matin.)	+ 8	+ 3	13 24 20 ,6	45 57 5 ,3	9 28 N. O.
Nosy-Ovy (digue du Sud).	18 août 1888. . . . (7ʰ 30ᵐ du matin.)	— 47770	— 72140	14 33 26 ,8	45 30 32 ,8	10 7 N. O.
Nosy-Lava (près du pilier).	26 août 1888. . . . (9ʰ 15ᵐ du matin.)	— 72718	— 125386	14 32 17 ,8	45 17 9 ,4	10 27 N. O.

OBSERVATIONS AU

LE 4 MAI

Cercle à l'Ouest. — Correction pour
Forte brise, les pointés

ÉTOILES.	THERMOMÈTRE.	BAROMÈTRE.	MOYENNE DES LECTURES.	LECTURES CORRIGÉES.
Nadir. { Observateur au Nord.........	23°	765	250° 59′ 25″,7	250° 59′ 26″,2
Observateur au Sud.........	"	"	24,1	24,6
ρ Bouvier....................	"	"	27 51 53,8	27 51 54,0
δ₂ Balance...................	"	"	74 17 23,5	74 17 23,7
Nadir. — Observateur au Nord........	"	"	250 59 26,7	250 59 27,2
ζ Balance....................	"	"	75 2 21,9	75 2 22,1
Nadir. — Observateur au Sud.........	"	"	250 59 22,6	250 59 23,1
α Couronne	"	"	31 38 5,8	31 38 5,9
x Balance....................	23	"	78 1 42,1	78 1 42,3
α Serpent....................	"	"	51 56 32,6	51 56 32,7
λ Balance....................	"	"	78 32 42,0	78 32 42,3
δ Scorpion...................	"	"	81 0 53,4	81 0 53,5
β₁ Scorpion..................	"	"	78 12 43,7	78 12 44,0
η₂ Scorpion..................	"	"	77 52 55,2	77 52 55,5
σ Scorpion...................	"	"	84 2 5,2	84 2 5,4
α Scorpion...................	"	"	84 53 41,3	84 53 41,7
λ Ophiucus...................	"	"	56 29 26,7	56 19 27,0
τ Scorpion...................	"	"	86 41 40,8	86 41 41,0
ζ Hercule....................	"	"	26 55 32,8	26 55 32,8
Nadir. { Observateur au Sud.........	23	764,8	250 59 26,3	250 59 26,8
Observateur au Nord.........	"	"	25,4	25,9

PILIER D'ANTSIRANA,

1887.

1' = 0″,12. — **Nombre des pointés du nadir, 8.**
du nadir sont difficiles.

NADIR 270°-N. 19° 0'.	HAUTEURS APPARENTES.	RÉFRACTIONS.	HAUTEURS VRAIES.	DÉCLINAISONS.	LATITUDE 12° 16'.
33″,8	"	"	"	"	"
35,4	"	"	"	"	"
35,7	46° 52' 29″,7	− 52,3	46° 51' 37″,4	30° 52' 4″,0	18,6
33,0	93 17 56,7	+ 3,3	93 18 0,0	15 34 20,1	20,1
32,8	"	"	"	"	"
32,8	94 2 54,9	+ 3,8	94 2 58,7	16 19 19,5	20,8
36,9	"	"	"	"	"
36,6	50 38 42,5	− 45,9	50 37 56,6	27 5 42,6	20,8
33,1	97 2 15,4	+ 6,9	97 2 22,5	19 18 42,0	19,5
36,0	70 57 8,7	− 19,3	70 56 49,4	6 46 53,4	17,2
32,2	97 33 15 5	+ 7,4	97 33 22,9	19 49 41,0	18,1
33,3	100 1 26,8	+ 9,9	100 1 36,7	22 17 55,6	18,9
33,4	97 13 17,4	+ 7,1	97 13 24,5	19 29 41,7	17,2
33,5	96 53 29,0	+ 6,8	96 53 35,8	19 9 56,3	20,5
33,6	103 32 39,0	+13,0	103 2 52,0	25 19 10,8	18,8
33,7	103 54 15,4	+13,8	103 54 29,2	26 10 45,9	16,7
34,1	75 30 1,1	−14,4	75 29 46,7	2 13 56,0	17,3
33,8	105 42 14,8	+15,8	105 42 30,6	27 58 45,4	14,8
33,5	45 56 6,3	−54,3	45 55 12,0	31 48 27,2	20,8
33,2	"	"	"	"	"
34,1	"	"	"	"	"

OBSERVATIONS AU

LE 5 MAI

Cercle à l'Ouest. — Correction pour t' = — 0″,29.

Forte brise, les pointés

ÉTOILES.	THERMOMÈTRE.	BAROMÈTRE.	MOYENNE DES LECTURES.	LECTURES CORRIGÉES.
Nadir. { Observateur au Nord		764	250° 59′ 35″,6	250° 59′ 34″,2
Observateur au Sud			33,9	32,5
θ Vierge	24°,0		63 39 38,6	63 39 37,2
61 Vierge			76 24 17,0	76 24 15,6
α Vierge			69 17 40,4	69 17 39,5
ζ Vierge			58 44 38,0	58 44 36,6
m Vierge			66 51 21,5	66 51 21,2
Nadir. { Observateur au Sud			250 59 35,6	34,2
Observateur au Nord			33,5	32,0
β Centaure			118 32 0,9	118 32 0,3
x Vierge		763	68 28 11,6	68 28 10,7
λ Vierge	22,8		71 34 21,1	71 34 19,9
Nadir. { Observateur au Nord			250 59 35,6	250 59 34,2
Observateur au Sud			37,0	35,6
ξ Bouvier			44 30 58,6	44 30 58,3
ε^3 Bouvier			31 11 2,7	31 11 2,4
ε^3 Balance			74 17 34,6	74 17 33,6
ζ^3 Balance			69 40 29,7	69 40 29,5
20 Baleine			83 33 22,2	83 33 21,3
β Balance			67 41 16,4	67 41 16,1
ξ_1 Balance	22,5	762	75 2 31,2	75 2 30,6
α Couronne			31 38 19,1	31 38 18,1
x Balance			78 1 52,6	78 1 52,0
α Serpent			51 56 41,6	51 56 41,1
λ Balance			78 32 51,7	78 32 50,8
δ Scorpion			8. .. 2 0	

PILIER D'ANTSIRANA.

1867.

— Nombre des pointés du nadir, 10.
du nadir sont difficiles.

NADIR 270°-N. 19°0'.	HAUTEURS APPARENTES.	RÉFRACTIONS.	HAUTEURS VRAIES.	DÉCLINAISONS.	LATITUDE 12°16'.
25″,8	″	″	″	″	″
27,5	″	″	″	″	″
27,2	82° 40′ 4″,4	− 7,2	82° 39′ 57″,2	4° 56′ 14″,6	17″,4
26,3	95 24 41,9	+ 5,3	95 24 47,2	17 41 5,0	17,8
26,7	88 18 6,2	− 1,6	88 18 4,6	10 34 23,7	19,1
26,3	77 45 2,9	− 12,2	77 44 50,7	1 8,6	17,9
26,0	85 51 47,2	− 4,2	85 51 43,0	8 8 3,2	20,2
25,8	″	″	″	″	″
28,0	″	″	″	″	″
27,7	137 32 28,0	+ 61,7	137 33 29,2	59 49 43,9	14,7
25,1	87 28 35,8	− 2,5	87 28 33,3	9 44 56,5	23,2
26,3	90 34 46,2	+ 0,5	90 34 46,7	12 51 5,8	19,1
25,8	″	″	″	″	″
24,4	″	″	″	″	″
24,6	63 31 22,9	− 28,4	63 30 54,5	14 12 47,3	18,2
24,8	50 11 27,2	− 46,7	50 10 40,5	27 33 3,1	16,4
25,6	93 17 59,2	+ 3,3	93 18 2,5	15 34 20,1	17,6
26,0	88 40 54,5	− 1,1	88 40 53,4	10 57 13,4	20,0
25,4	102 33 46,7	+ 12,6	102 33 59,3	24 50 15,7	16,4
25,2	86 41 41,3	− 3,3	86 41 38,0	8 57 56,4	18,4
25,3	94 2 55,9	+ 4,0	94 2 59,9	16 19 19,5	19,6
25,4	50 38 43,5	− 45,9	50 37 57,6	27 5 42,8	19,6
25,2	97 1 17,2	+ 6,9	97 2 24,1	19 18 42,1	18,0
25,6	70 57 6,7	− 19,3	70 56 47,4	6 46 53,5	19,1
25,1	97 33 15,9	+ 7,4	97 33 23,3	19 49 41,0	17,7

OBSERVATIONS AU

LE 6 MAI

Cercle à l'Ouest. — Correction pour $1' = -0'',29$.

Forte brise, les pointés

ÉTOILES.	THERMOMÈTRE.	BAROMÈTRE.	MOYENNE DES LECTURES.	LECTURES CORRIGÉES.
Nadir. { Observateur au Nord.........	24°,0	764	250° 58′ 57″,8	250° 58′ 56″,8
Observateur au Sud.........	"	"	59,6	58,6
η Vierge....................	"	"	58 45 19,9	58 45 19,8
δ Corbeau..................	"	"	74 35 57,6	74 35 57,4
β Corbeau..................	"	"	81 29 0,6	81 28 59,6
f Vierge....................	"	"	63 55 26,8	63 55 26,7
γ₁ Vierge...................	"	"	59 32 43,9	59 32 43,3
δ Vierge....................	"	"	54 42 20,8	54 42 20,3
θ Vierge....................	"	"	63 39 1,5	63 39 0,5
6₁ Vierge...................	23,0	764	76 23 43,2	76 23 42,4
α Vierge....................	"	"	69 17 5,9	69 17 5,4
ζ Vierge....................	"	"	58 44 2,2	58 44 1,2
m Vierge....................	"	"	66 50 46,7	66 50 46,6
Nadir. { Observateur au Sud.........	"	"	250 59 0,5	250 58 59,5
Observateur au Nord.........	22,7	764	250 59 1,1	250 59 0,1

(1) Erreur d'étoile.

PILIER D'ANTSIRANA.

1887.

— Nombre des pointés du nadir, 8.
du nadir sont difficiles.

NADIR 270°-N. 19° 0'.	HAUTEURS APPARENTES.	RÉFRAC- TIONS.	HAUTEURS VRAIES.	DÉCLINAISONS.	LATITUDE 12° 16'.
3″,2	″	″	″	″	″
1 ,4	″	″	″	″	″
1 ,4	77° 46′ 21″,1	— 12″,2	77° 46′ 9″,0	0° 2′ 27″,2	18,2
2 ,9	93 37 0 ,3	+ 3 ,6	93 37 3 ,9	15 53 21 ,5	17,6
2 ,6	100 30 2 ,2	+10 ,4	100 30 12 ,6	22 46 30 ,3	17,7
1 ,2	82 56 27 ,9	— 6 ,8	82 56 21 ,1	5 12 41 ,8	20,7
1 ,1	78 33 44 ,4	— 11 ,3	78 33 33 ,1	0 49 55 ,7	22,6 [1]
1 ,0	73 43 21 ,3	— 16 ,3	73 43 5 ,0	4 0 36 ,1	18,9
0 ,9	82 40 1 ,4	— 7 ,3	82 39 54 ,1	4 56 14 ,6	20,5
1 ,8	95 24 44 ,2	+ 5 ,3	95 24 49 ,5	17 41 5 ,0	15,5
0 ,7	88 18 6 ,1	— 1 ,6	88 18 4 ,4	0 34 23 ,7	19,3
0 ,6	77 46 1 ,8	— 12 ,1	77 44 49 ,6	0 1 8 ,6	19,0
0 ,5	85 51 47 ,1	— 4 ,1	85 51 43 ,0	8 8 3 ,1	20,1
0 ,005	″	″	″	″	″
0 ,599	″	″	″	″	″

OBSERVATIONS AU

LE 7 MAI

Cercle à l'Est. — Correction pour 1′ = — 0″,36.
Forte brise, les pointés

ÉTOILES.	THERMOMÈTRE.	BAROMÈTRE.	MOYENNE DES LECTURES.	LECTURES CORRIGÉES.
Nadir. { Observateur au Nord..........	″	764	250° 59′ 15″,8	″
Observateur au Sud..........	″	″	15,3	″
ε Corbeau..........	23°,0	″	61 16 3,2	61° 16′ 3″,2
η Vierge..........	″	″	83 12 57,6	83 12 57,6
δ Corbeau..........	″	″	67 22 18,1	67 22 18,1
β Corbeau..........	″	″	60 29 14,7	60 29 14,7
ƒ Vierge..........	″	″	78 2 45,3	78 2 45,3
γ_1 Vierge..........	22,8	″	82 25 33,9	82 25 33,7
δ Vierge..........	″	″	87 15 56,8	87 15 56,4
Nadir. { Observateur au Sud..........	″	″	250 59 14,8	250 59 13,3
Observateur au Nord..........	″	″	14,7	13,2
θ Vierge..........	″	″	78 19 16,3	78 19 14,8
61 Vierge..........	″	″	65 34 33,5	65 34 31,9
Nadir. { Observateur au Nord..........	″	″	250 59 15,4	250 59 13,9
Observateur au Sud..........	″	″	14,6	13,1
τ Vierge..........	″	″	85 20 51,3	85 20 51,0
κ Vierge..........	″	″	73 30 38,5	73 30 38,5
λ Vierge..........	″	″	70 24 31,5	70 24 31,5
ζ Bouvier..........	″	″	97 33 0,1	97 33 0,1
α_2 Balance..........	″	″	67 41 18,0	67 41 17,4
f_2 Balance..........	″	″	72 18 21,4	72 18 20,4
20 Balance..........	23,8	″	58 25 33,4	58 25 33,2
Nadir. { Observateur au Sud..........	″	″	250 59 16,3	250 59 14,8
Observateur au Nord..........	″	″	16,5	15,0

PILIER D'ANTSIRANA.

1887.

— Nombre des pointés du nadir, 10.
du nadir sont difficiles.

NADIR 270°-N. 19° 0'.	HAUTEURS APPARENTES.	RÉFRAC-TIONS.	HAUTEURS VRAIES.	DÉCLINAISONS.	LATITUDE 12° 16'.
44",2	"	"	"	"	"
44,7	"	"	"	"	"
44,7	80° 16' 47",9	0,6	80 16 38,3	21° 59' 41",5	19,8
45,2	102 13 42,8	12,2	102 13 55,0	0 2 27,2	22,2
45,2	86 23 3,3	3,6	86 23 59,7	15 53 21,3	21,2
45,5	79 30 0,2	10,4	79 29 49,8	22 46 30,4	30,2
45,8	97 3 31,1	6,9	97 3 38,0	5 12 41,8	19,8
46,0	101 26 19,7	11,3	101 26 31,0	0 49 55,7	26,7 [1]
46,2	"	"	"	"	"
46,7	106 16 42,6	16,3	106 16 58,9	4 0 36,1	22,8
46,8	"	"	"	"	"
46,8	97 20 1,6	7,2	97 20 8,8	4 56 14,6	23,4
46,4	84 35 18,3	5,3	84 35 13,0	17 41 5,0	18,0
46,1	104 21 37,8	14,3	"	"	"
46,9	92 31 25,1	2,3	"	"	"
46,8	104 21 37,8	14,3	104 21 52,1	2 5 25,9	26,2
46,6	92 31 25,1	2,3	92 31 27,4	9 44 56,4	23,8
46,0	89 25 17,5	0,5	89 25 17,0	12 51 5,9	22,9
46,2	116 33 46,3	27,9	116 34 14,2	14 12 47,6	26,6
45,6	86 42 3,2	3,3	86 42 59,9	15 34 20,1	20,0
45,7	91 19 6,0	1,3	91 19 7,3	10 57 13,4	20,7
45,2	77 26 18,4	12,5	77 26 5,9	24 50 15,8	21,7
45,2	"	"	"	"	"
45,0	"	"	"	"	"

OBSERVATIONS AU

LE 23 SEP

Cercle à l'Est. — Correction pour 1′ = — 0″,28.

Calme, ciel

ÉTOILES.	THERMOMÈTRE.	BAROMÈTRE.	MOYENNE DES LECTURES.	LECTURES CORRIGÉES.
η Serpent...................	26°,0	766	82° 2′ 44″,6	82° 2′ 43″,7
Nadir. { Observateur au Nord..........	"	"	251 33 53 ,0	251 33 51 ,8
Observateur au Sud...........	"	"	53 ,6	52 ,4
β₁ Lyre...................	"	"	118 11 41 ,9	118 11 41 ,5
λ Aigle................	"	"	79 55 20 ,1	79 55 20 ,0
ω Aigle................	"	"	96 21 47 ,7	96 21 47 ,2
δ Aigle................	"	"	87 51 47 ,5	87 51 47 ,0
β₁ Cygne................	"	"	112 41 17 ,2	112 41 16 ,9
h, Sagittaire...................	"	"	59 50 42 ,6	59 50 42 ,5
Nadir. { Observateur au Sud...........	"	"	251 33 53 ,8	251 33 52 ,6
Observateur au Nord...........	"	"	251 33 55 ,3	251 33 54 ,1
γ Aigle................	25°,5	766	95 18 37 ,2	95 18 36 ,1
α Aigle................	"	"	93 32 33 ,8	93 31 33 ,1
β Aigle................	"	"	91 5 51 ,1	91 5 50 ,8
ε Sagittaire...................	"	"	56 57 17 ,4	56 57 16 ,9
θ Aigle................	25°,3	765	83 49 5 ,8	83 49 4 ,6
	"	"	72 7 9 ,4	72 7 8 ,9
Nadir. { Observateur au Sud...........	"	"	251 33 53 ,9	251 33 52 ,7
Observateur au Nord........	"	"	55 ,4	54 ,2

PILIER D'HELLVILLE.

TEMBRE 1887.

— Nombre des pointés du nadir : 6.

très nuageux.

NADIR 270°-N. 18° 26'.	HAUTEURS APPARENTES.	RÉFRAC- TIONS.	HAUTEURS VRAIES.	DÉCLINAISONS.	LATITUDE 13° 24'.
7″,6	100° 28′ 51″,3	10″,3	100° 29′ 1″,9	2° 55′ 23″,6	25″,5
8 ,2	"	"	"	"	"
7 ,6	"	"	"	"	"
7 ,6	136 37 49 ,1	58 ,6	136 38 47 ,7	33 14 19 ,9	27 ,8
7 ,6	98 21 27 ,6	8 ,2	98 21 35 ,8	5 2 48 ,8	24 ,6
7 ,6	114 47 54 ,8	25 ,7	114 48 20 ,5	11 23 53 ,1	27 ,4
7 ,5	106 17 54 ,5	16 ,2	106 18 10 ,7	2 53 43 ,3	27 ,4
7 ,5	131 7 24 ,4	48 ,0	131 8 12 ,4	27 43 47 ,4	25 ,0
6 ,5	78 16 49 ,0	11 ,5	78 16 37 ,5	25 7 45 ,5	23 ,0
7 ,4	"	"	"	"	"
5 ,9	"	"	"	"	"
7 ,4	113 44 43 ,5	24 ,4	113 45 7 ,9	10 20 40 ,0	27 ,9
7 ,4	111 57 40 ,5	22 ,5	111 57 3 ,0	8 34 34 ,9	28 ,1
7 ,4	109 31 58 ,2	19 ,6	109 32 17 ,8	6 7 50 ,2	27 ,6
5 ,9	75 23 22 ,8	14 ,5	75 23 8 ,3	28 1 03 ,8	22 ,1
7 ,3	102 15 11 ,9	12 ,1	102 15 24 ,0	1 9 13 ,1	27 ,1
7 ,3	90 33 16 ,2	0 ,5	90 33 16 ,7	12 51 9 ,1	25 ,8
7 ,3	"	"	"	"	"
5 ,8	"	"	"	"	"

OBSERVATIONS AU

LE 24 OC

Cercle à l'Est. — Correction pour 1′ = — 0″35.

Ciel très

ÉTOILES.	THERMOMÈTRE.	BAROMÈTRE.	MOYENNE DES LECTURES.	LECTURES CORRIGÉES.
Nadir. { Observateur au Nord.........	25°,0	764	251° 33′ 41″,0	251° 33′ 39″,8
Nadir. { Observateur au Sud.........	″	″	41 ,4	40 ,2
α Verseau.........	″	″	79 31 47 ,4	79 31 46 ,9
γ Verseau.........	″	″	75 33 53 ,0	75 33 51 ,7
Nadir. { Observateur au Sud.........	″	″	251 33 41 ,6	251 33 40 ,4
Nadir. { Observateur au Nord.........	″	″	40 ,9	39 ,7
ξ Capricorne.........	″	″	62 4 25 ,5	62 4 24 ,0
γ Capricorne.........	″	″	67 48 3 ,1	67 48 2 ,2
δ Capricorne.........	24°,3	″	68 20 2 ,6	68 20 1 ,0
Nadir. Observateur au Nord.........	″	″	251 33 42 ,8	251 33 41 ,6
α Verseau.........	″	″	84 6 8 ,2	84 6 7 ,9
Nadir. Observateur au Sud.........	″	″	251 33 42 ,8	251 33 41 ,6

PILIER D'HELLVILLE.
TOBRE 1887.

— Nombre des pointés du nadir : 16.

nuageux.

NADIR 270°-N. 18° 26'.	HAUTEURS APPARENTES.	RÉFRAC- TIONS.	HAUTEURS VRAIES.	DÉCLINAISONS.	LATITUDE 13° 24'.
20",2					
19,8					
19,7	97° 58' 6",6	+ 7",1	97° 58' 14",4	5 26 9,8	24",2
19,7	94 0 11,4	+ 3,9	94 0 15,3	9 24 8,1	23,4
19,6					
20,3					
19,8	80 30 43,8	— 9,2	80 30 34,6	22 53 48,9	23,5
19,3	86 14 21,5	— 3,7	86 14 17,8	17 10 6,1	23,9
18,9	85 46 19,9	— 3,2	86 46 16,7	16 38 8,1	24,8
18,4					
18,4	102 32 26,3	+ 12,4	102 32 38,7	0 51 46,9	25,6
18,4					

OBSERVATIONS AU

LE 25 OC

Cercle à l'Ouest. — Correction pour 1' = — 0″,21.

Ciel très

ÉTOILES.	THERMOMÈTRE.	BAROMÈTRE.	MOYENNE DES LECTURES.	LECTURES corrigées.
Nadir. { Observateur au Sud..........	″	″	251° 31′ 42″,1	251° 31′ 41″,8
Observateur au Nord........	″	″	41 ,4	41 ,1
ι Poissons....................	24°,1	763	53 6 28 ,0	53 6 27 ,7
δ Sculpteur.................	″	″	86 52 12 ,6	86 52 12 ,1
ω Poissons..................	″	″	51 53 4 ,2	51 53 3 ,4
30 Poissons.................	″	″	64 45 40 ,5	64 45 40 ,4
γ Pégase....................	23°,1	″	43 34 9 ,4	43 34 8 ,5
13 Baleine..................	″	″	62 20 6 ,1	62 20 6 ,1
130 Piazzi..................	″	″	83 30 16 ,9	83 30 16 ,9
β Baleine..................	″	″	76 44 26 ,1	76 44 25 ,1
δ Poissons..................	22°,5	″	51 9 12 ,0	51 9 11 ,1
Nadir. { Observateur au Nord........	″	″	251 31 41 ,8	251 31 41 ,6
Observateur au Sud..........	″	″	42 ,4	42 ,1

PILIER D'HELLVILLE.

TOBRE 1887.

— Nombre des pointés du nadir : 16.

nuageux.

NADIR 270°-N. 18° 26′.	HAUTEURS APPARENTES.	REFRAC- TIONS.	HAUTEURS VRAIES.	DÉCLINAISONS.	LATITUDE 13° 24′.
18°,2	″	″	″	″	″
18,9	″	″	″	″	″
18,2	71° 34′ 45″,9	− 18°,7	71° 34′ 27″,2	5° 1′ 9″,0	23″,7
18,7	105 20 30,8	+ 16,0	105 20 46,8	28 45 7,7	20,9
18,1	70 21 21,5	− 19,8	70 31 1,3	6 14 34,8	23,9
18,0	83 14 58,5	− 6,7	83 14 51,8	6 38 15,1	23,3
18,0	62 2 26,5	− 29,8	62 1 56,7	14 33 39,0	24,3
18,0	80 48 24,1	− 9,1	80 48 15,0	4 12 38,0	23,0
18,6	101 58 35,5	+ 11,9	101 58 47,4	25 23 10,1	22,5
18,5	95 12 43,6	+ 5,1	95 12 48,7	18 26 11,6	22,9
18,0	69 37 29,1	− 20,8	69 37 8,2	6 58 29,2	22,6
18,4	″	″	″	″	″
17,9	″	″	″	″	″

OBSERVATIONS AU

LE 27 JUIN

Cercle à l'Est. — Correction pour t' + 0″.16.

ÉTOILES.	THERMOMÈTRE.	BAROMÈTRE.	MOYENNE DES LECTURES.	LECTURES CORRIGÉES.
Nadir. { Observateur au Nord.........	″	″	251° 31′ 5″,2	251° 31′ 5″,4
Nadir. { Observateur au Sud.........	″	″	5,4	5,6
η Ophiuchus.........	22°,3	766	87 26 56,7	87 26 57,0
μ Sagittaire.........	″	″	63 50 28,7	63 50 28,8
π Serpent.........	″	″	81 59 50,2	81 59 51,0
Nadir. { Observateur au Sud.........	″	″	251 31 6,1	251 31 6,3
Nadir. { Observateur au Nord.........	″	″	6,5	6,7
φ Sagittaire.........	25°,0	″	57 49 32,9	57 49 33,6
σ Sagittaire.........	″	″	58 29 45,1	58 29 45,9
ζ Sagittaire.........	″	″	54 53 33,2	54 53 33,8
λ Aigle.........	″	″	79 52 31,1	79 52 31,5
τ Sagittaire.........	25°,3	766	63 43 42,3	63 43 42,9
α Aigle.........	″	″	96 18 51,4	96 18 52,0
δ Aigle.........	″	″	87 48 54,1	87 48 54,7
Nadir. { Observateur au Nord.........	″	″	251 31 5,9	251 31 6,1
Nadir. { Observateur au Sud.........	″	″	6,8	7,0
α Aigle.........	25°,0	″	93 29 39,3	93 29 40,0
β Aigle.........	″	″	91 2 58,1	91 2 58,6
c Sagittaire.........	″	″	56 54 42,4	56 54 42,4
θ Aigle.........	″	″	83 46 17,0	83 46 17,2
α Capricorne.........	″	″	72 4 26,4	72 4 27,1
β Capricorne.........	″	″	69 47 37,4	69 47 37,8
ρ Capricorne.........	22°,0	765	66 44 43,3	66 44 44,0
Nadir. { Observateur au Sud.........	″	″	251 31 5,3	251 31 5,5
Nadir. { Observateur au Nord.........	″	″	5,6	5,8

PILIER D'HELLVILLE.

1888.

— **Nombre des pointés du nadir : 19.**

NADIR 270°-N. 18°28'.	HAUTEURS APPARENTES.	RÉFRACTIONS.	HAUTEURS VRAIES.	DÉCLINAISONS.	LATITUDE 13°24'.
54",6	"	"	"	"	"
54,4	"	"	"	"	"
54,6	105° 45' 51",6	+ 16",0	105° 56' 7",6	2° 31' 41",2	26",4
53,9	82 19 22,7	− 7,6	82 19 15,1	21 5 8,0	23,1
53,9	100 28 44,9	+ 10,4	100 28 55,3	2 55 30,3	25,6
53,7	"	"	"	"	"
53,3	"	"	"	"	"
53,3	76 18 26,9	− 13,6	76 18 13,3	27 6 10,4	23,7
53,4	76 58 39,3	− 13,0	76 58 26,3	26 25 58,5	24,8
53,5	73 22 27,3	− 16,7	73 22 10,6	30 2 14,1	24,7
53,5	98 21 25,0	+ 8,3	98 21 33,3	5 2 51,0	24,3
53,7	82 12 36,6	− 7,7	82 12 18,9	21 12 53,8	22,7
53,2	114 47 45,2	+ 26,0	114 48 11,2	11 23 45,7	25.5
53,1	106 17 47,8	+ 16,3	106 18 4,1	2 53 39,4	24.7
53,9	"	"	"	"	"
52,9	"	"	"	"	"
53,0	111 58 33,0	+ 22,7	111 58 55,7	8 34 30,4	25,3
53,2	109 31 51,8	+ 19,9	109 32 11,7	6 7 46,3	25,4
54,0	75 23 36,5	− 14,7	75 23 21,8	28 1 2,4	24,2
53,5	102 15 10,7	+ 12,2	102 15 22,9	1 9 2,8	25,7
53,6	90 33 20,7	+ 0,6	90 33 21,3	12 51 3,3	24,6
54,0	88 16 31,8	− 1,6	88 16 30,2	15 7 52,8	23,0
54,1	85 13 38,1	− 4,6	85 13 33,5	18 10 48,0	21,5
54,5	"	"	"	"	"
54,1	"	"	"	"	"

OBSERVATIONS AU

LE 28 JUIN

Cercle à l'Ouest. — Correction pour 1′ + 0″,06.

ÉTOILES.	THERMOMÈTRE.	BAROMÈTRE.	MOYENNE DES LECTURES.	LECTURES CORRIGÉES.
Nadir. { Observateur au Sud..........	"	"	251° 29′ 23″,4	251 29 23,7
Nadir. { Observateur au Nord........	"	"	23,3	23,6
λ Ophiuchus....................	"	"	84 30 58,7	84 30 58,7
β Ophiuchus....................	22°,7	766	53 33 19,7	53 33 19,9
γ Ophiuchus....................	"	"	67 50 31,6	67 50 31,6
μ′ Sagittaire...................	"	"	55 33 35,4	55 33 35,6
» Serpent......................	"	"	61 0 43,2	61 0 43,2
Nadir. { Observateur au Nord........	"	"	251 29 23,7	251 29 24,0
Nadir. { Observateur au Sud.........	"	"	23,9	24,2
λ Aigle.........................	21°,9	"	63 8 2,2	63 8 2,4
ω Aigle.........................	"	"	46 41 43,9	46 41 44,0
δ Aigle.........................	"	"	55 11 40,6	55 11 40,7
x Aigle.........................	22°,0	"	83 12 31,3	83 12 31,4
α Aigle.........................	"	"	49 30 54,2	49 30 54,3
β Aigle.........................	"	"	51 57 36,9	51 57 37,1
ι Sagittaire....................	"	"	86 5 51,9	86 5 52,0
θ Aigle.........................	"	"	59 14 17,6	59 14 17,8
a″ Capricorne...................	"	"	70 58 22,4	70 58 22,6
β, Capricorne...................	21°,9	765	73 12 54,2	73 12 54,3
Nadir. { Observateur au Sud.........	"	"	251 29 25,4	251 29 25,7
Nadir. { Observateur au Nord........	"	"	24,5	24,7

PILIER D'HELLVILLE.

1888.

— Nombre des pointés du nadir : 18.

NADIR 270°-N. 18° 3o'.	HAUTEURS APPARENTES.	RÉFRACTIONS.	HAUTEURS VRAIES.	DÉCLINAISONS.	LATITUDE 13° 24'.
36",3	"	"	"	"	"
36,4	"	"	"	"	"
36,4	103° 1' 35",1	+13",0	103° 1' 48",0	26° 26' 14",3	26",3
36,2	72 3 56,1	— 18,1	72 3 38,0	4 37 0,4	21,6
36,1	86 21 7,7	— 3,7	86 21 4,0	9 45 26,4	22,4
36,0	74 4 11,6	— 16,0	74 3 55,6	2 31 41,2	23,2
35,9	79 31 19,1	— 10,4	79 31 8,7	2 55 3o,3	21,6
36,0	"	"	"	"	"
35,8	"	"	"	"	"
35,7	81 38 38,1	— 8,2	81 38 29,9	5 2 51,0	21,1
35,5	65 12 19,5	— 25,9	65 11 53,6	11 23 45,7	20,7
35,3	73 42 16,0	— 16,4	73 41 59,6	2 53 39,4	21,0
35,8	101 43 7,2	+11,6	101 43 18,8	25 7 37,4	18,6
35,0	68 1 29,3	— 22,7	68 1 6,6	8 34 3o,4	23,0
34,9	70 28 12,0	— 19,9	70 27 52,1	6 7 46,3	21,6
35,7	104 36 27,7	+14,6	104 36 42,3	28 1 2,4	20,1
34,6	77 44 52,4	— 12,2	77 44 40,2	1 9 2,8	22,6
34,5	89 28 57,1	— 0,5	89 28 56,6	12 53 19,0	22,4
34,5	91 43 29,8	+ 1,7	91 43 31,5	15 7 52,8	21,3
34,3	"	"	"	"	"
35,3	"	"	"	"	"

OBSERVATIONS AU

LE 30 JUILLET

Cercle à l'Est. — Correction pour $1' = 0,11$.

Pilier peu stable,

ÉTOILES.	THERMOMÈTRE.	BAROMÈTRE.	MOYENNE DES LECTURES.	LECTURES CORRIGÉES.
p' Ophiuchus......................	25°,0	764	88° 35′ 25″,8	88° 35′ 25″,8
Nadir. { Observateur au Sud..........	"	"	251 31 38,2	251 31 38,0
{ Observateur au Nord.........	"	"	251 31 38,2	38,0
γ Aigle........................	24°,8	"	96 24 11,7	96 24 11,1
β Aigle........................	"	"	92 11 30,2	92 11 30,0
α, Capricorne...................	"	"	73 12 52,0	73 12 51,9
Nadir. { Observateur au Sud..........	"	"	251 31 37,5	251 31 37,3
{ Observateur au Nord........	23°,8	"	38,0	37,8

PILIER DE NOSY-LAVA.

1888.

— Nombre des pointés du nadir : 12.

ciel très nuageux.

NADIR 270°-N. 18′ 28.	HAUTEURS APPARENTES.	RÉFRAC- TIONS.	HAUTEURS VRAIES.	DÉCLINAISONS.	LATITUDE 14° 32′.
22″,0	107° 3′ 47″8	— 17″,1	107° 4′ 4″,9	2° 31′ 44″ 4	20″,5
22,0	″	″	″	″	″
22,0	″	″	″	″	″
22,2	114 52 33 ,3	+ 25 ,9	114 52 59 ,2	10 20 41 ,0	18 ,2
22,4	110 39 52 ,4	+ 21 ,1	110 40 13 ,5	6 7 51 ,5	22 ,0
22,5	91 41 14 ,4	+ 1 ,7	91 41 16 ,1	12 51 1 ,1	17 ,4
22,7	″	″	″	″	″
22,2	″	″	″	″	″

OBSERVATIONS AU

LE 1ᵉʳ AOÛT

Cercle à l'Est. — Correction pour 1′ = 0,02.

ÉTOILES.	THERMOMÈTRE.	BAROMÈTRE.	MOYENNE DES LECTURES.	LECTURES CORRIGÉES.
Nadir. { Observateur au Sud.........	″	765	251° 31′ 15″,8	251° 31′ 15″,7
Nadir. { Observateur au Nord........	″	″	15 ,2	15 ,1
α Serpent......................	22°,5	″	92 50 4 ,6	92 50 4 ,7
λ Balance.....................	″	″	66 13 44 ,0	66 13 43 ,7
δ Scorpion.....................	″	″	63 45 32 ,1	63 45 32 ,1
β₁ Scorpion....................	″	″	66 33 44 ,9	66 33 44 ,6
ν′ Scorpion....................	″	″	66 53 30 ,5	66 53 30 ,2
δ Ophiuchus...................	″	″	82 39 10 ,9	82 39 10 ,6
σ Scorpion....................	25°,0	″	60 44 20 ,1	60 44 19 ,8
Antarès	″	″	59 52 47 ,0	59 52 46 ,8
λ Ophiucus...................	″	″	88 17 13 ,9	88 17 13 ,7
ε Scorpion....................	″	″	58 4 49 ,0	58 4 48 ,6
Nadir. { Observateur au Sud.........	″	″	231 31 16 ,3	251 31 16 ,2
Nadir. { Observateur au Nord........	24°,9	″	14 ,8	14 ,9

PILIER DE NOSY-LAVA.

1888.

— Nombre des pointés du nadir : 12.

NADIR 270°—ᴇ. 18' 28.	HAUTEURS APPARENTES.	RÉFRAC-TIONS.	HAUTEURS VRAIES.	DÉCLINAISONS.	LATITUDE 14° 32'.
44",3	"	"	"	"	"
44 ,9	"	"	"	"	"
44 ,2	111° 18' 48",9	+ 22",8	111° 19' 10",7	6° 46' 50",7	20",0
44 ,9	84 42 28,6	— 5,4	84 42 23,4	19 49 53,6	17,0
44 ,9	82 14 17,0	— 8,1	82 14 9,3	22 18 8,8	19,1
44 ,9	85 2 29,5	— 5,1	85 2 24,6	19 29 53,4	18,0
45 ,0	85 22 15,2	— 4,8	85 22 10,6	19 10 7,4	18,0
44 ,1	101 7 54,7	+ 11,4	101 8 5,6	3 24 12,5	18,1
45 ,0	79 13 4,8	— 11,1	79 12 54,2	25 19 24,0	18,2
45 ,0	78 21 31,8	— 12,0	78 21 20,3	26 10 59,0	19,3
43 ,9	106 45 57,6	+ 17,5	106 46 14,3	2 13 55,9	18,5
45 ,0	76 33 33,6	— 14,5	76 33 19,7	27 58 58,8	18,5
43 ,8	"	"	"	"	"
45 ,1	"	"	"	"	"

OBSERVATIONS AU

LE 1ᵉʳ AOÙT

Cercle à l'Ouest. — Correction pour 1′ = 0,01.

ÉTOILES.	THERMOMÈTRE.	BAROMÈTRE.	MOYENNE DES LECTURES.	LECTURES CORRIGÉES.
Nadir. { Observateur au Nord.........	"	765	256° 3o′ 11″,4	251° 3o′ 11″,4
Nadir. { Observateur au Sud.........	"	"	12,1	12,1
θ Ophiuchus..............	"	"	81 5o 55,5	81 5o 55,5
δ Ophiuchus..............	"	"	86 43 32,6	86 43 32,6
ν Ophiuchus..............	"	"	66 43 23,5	66 43 23,5
ρ′ Ophiuchus..............	24°,2	"	54 26 26,3	54 26 26,3
μ′ Sagittaire.............	"	"	78 2 54,5	78 2 54,5
δ Sagittaire.............	"	"	86 5o 7,9	86 5o 7,9
η Serpent.............	"	"	59 53 33,5	59 53 33,5
σ Sagittaire.............	"	"	83 23 43,2	83 23 43,3
ζ Sagittaire.............	"	"	86 59 56,4	86 59 56,4
λ Aigle.............	"	"	62 o 51,9	62 o 51,9
π Sagittaire.............	24°,2	"	78 9 43,4	78 9 43,3
δ Aigle.............	"	"	54 4 28,0	54 4 27,9
κ Aigle.............	24°,0	"	64 14 22,4	64 14 22,3
Nadir. { Observateur au Sud.........	"	"	251 3o 12,9	251 3o 12,9
Nadir. { Observateur au Nord.........	"	"	12,6	12,6
β₂ Capricorne.............	"	"	72 5 3,9	72 5 3,9
ρ Capricorne.............	"	"	75 8 39,9	75 o 39,9
β Verseau.............	"	"	62 24 5,1	62 24 5,1
μ Verseau.............	23°,5	"	66 21 58,8	66 21 58,8
Nadir. { Observateur au Sud.........	"	"	251 3o 12,3	251 3o 12,3
Nadir. { Observateur au Nord.........	"	"	13,3	13,3

(1) Essaim d'étoile.

PILIER DE NOSY-LAVA.

1888. (*Suite.*)

— Nombre des pointés du nadir : 18.

NADIR 270°-N. 18′ 28.	HAUTEURS APPARENTES.	RÉFRAC- TIONS.	HAUTEURS VRAIES.	DÉCLINAISONS.	LATITUDE 14° 32′.
48″,6	″	″	″	″	″
47 ,9	″	″	″	″	″
48 ,5	100° 20′ 44″,0	+ 10″,4	100° 20′ 54′,4	24° 53′ 10″,8	16″,4
48 ,4	105 13 21 ,0	+ 15 ,1	105 13 36 ,1	29 45 53 ,6	17 ,5
47 ,7	85 13 11 ,2	— 4 ,7	85 13 6 ,5	9 45 24 ,7	18 ,2
47 ,6	72 56 13 ,9	— 17 ,0	72 55 56 ,9	2 31 45 ,0	18 ,1
48 ,2	96 32 42 ,7	+ 6 ,3	96 32 49 ,0	21 5 8 ,3	19 ,3
48 ,1	104 19 56 ,0	+ 14 ,3	104 20 10 ,3	29 52 25 ,9	15 ,6 [1]
47 ,5	78 23 21 ,0	— 11 ,5	78 23 9 ,5	2 55 27 ,3	17 ,8
48 ,0	101 53 31 ,3	+ 11 ,8	101 53 43 ,1	26 26 59 ,8	16 ,7
47 ,9	105 29 44 ,3	+ 15 ,4	105 29 59 ,7	30 2 15 ,9	16 ,2
47 ,3	80 30 39 ,2	— 9 ,4	80 30 29 ,8	5 2 47 ,9	18 ,1
47 ,7	96 39 31 ,0	+ 6 ,3	96 39 37 ,3	21 11 53 ,9	16 ,6
47 ,2	72 34 15 ,1	— 17 ,5	72 33 57 ,6	2 53 44 ,2	18 ,2
47 ,1	82 44 9 ,4	— 7 ,2	82 44 2 ,2	7 16 21 ,0	18 ,8
47 ,1	″	″	″	″	″
47 ,4	″	″	″	″	″
47 ,3	90 34 50 ,9	+ 0 ,5	90 34 51 ,4	15 7 50 ,9	″
47 ,0	93 38 26 ,9	+ 3 ,7	93 38 30 ,6	18 10 46 ,8	16 ,2
47 ,5	80 53 52 ,6	— 8 ,9	80 53 43 ,7	5 26 0 ,9	17 ,2
47 ,6	84 51 46 ,4	— 5 ,1	84 51 41 ,3	9 23 57 ,5	16 ,7
47 ,7	″	″	″	″	″
46 ,7	″	″	″	″	″

OBSERVATIONS AU

LE 2 AOÛT

Cercle à l'Ouest. — Correction pour 1′ = 0,06.

Le pilier est

ÉTOILES.	THERMOMÈTRE.	BAROMÈTRE.	MOYENNE DES LECTURES.	LECTURES CORRIGÉES.
Nadir. { Observateur au Sud.........	″	765	251° 31′ 21″,4	251° 31′ 21″,4
Nadir. { Observateur au Nord.........	″	″	21 ,1	21 ,1
δ Scorpion......................	25°,0	″	79 17 4 ,9	79 17 4 ,9
β₁ Scorpion......................	″	″	76 28 57 ,3	76 28 52 ,3
γ₂ Scorpion......................	″	″	76 9 6 ,9	76 9 6 ,9
δ Ophiuchus....................	″	″	60 23 28 ,4	60 23 28 ,4
σ Scorpion......................	″	″	82 3 18 ,7	82 18 18 ,7
Antarès......................	″	″	83 9 52 ,6	83 9 52 ,6
λ Ophiuchus....................	″	″	54 55 24 ,5	54 45 24 ,4
τ Scorpion......................	″	″	84 57 51 ,2	84 57 51 ,2
π Ophiuchus....................	24°,7	″	72 34 5 ,4	72 34 5 ,5
A′ Ophiuchus....................	″	″	83 25 5 ,5	83 25 5 ,5
θ Ophiuchus....................	″	″	81 52 2 ,2	81 52 4 ,2
d Ophiuchus....................	23°,9	″	86 44 41 ,4	86 44 41 ,3
Nadir. { Observateur au Sud.........	″	″	251 31 20 ,7	251 31 20 ,7
Nadir. { Observateur au Nord.........	″	″	20 ,1	20 ,1

PILIER DE NOSY-LAVA.

1888.

— Nombre des pointés du nadir : 12.
peu stable.

NADIR 270°-N. 18′ 28.	HAUTEURS APPARENTES.	RÉFRAC-TIONS.	HAUTEURS VRAIES.	DÉCLINAISONS.	LATITUDE 14° 32′.
38″,6	"	"	"	"	"
38 ,9	"	"	"	"	"
39 ,0	97° 45′ 43″,9	7″,7	97° 45′ 51″,6	22° 18′ 8″,9	17″,3
39 ,1	94 57 31 ,4	4 ,9	94 57 36 ,3	19 29 53 ,4	17 ,1
39 ,2	94 37 46 ,1	4 ,5	94 37 50 ,6	19 10 7 ,4	16 ,8
38 ,8	78 52 7 ,2	10 ,9	78 51 56 ,3	3 24 12 ,7	16 ,4
39 ,3	100 46 58 ,0	10 ,5	100 47 8 ,5	25 19 24 ,0	15 ,5
39 ,4	101 38 32 ,0	11 ,7	101 38 43 ,7	26 10 59 ,0	15 ,3
39 ,0	73 14 3 ,4	16 ,8	73 13 46 ,6	2 13 55 ,9	19 ,3
39 ,5	103 26 30 ,7	13 ,4	103 26 44 ,1	27 58 58 ,8	14 ,7
39 ,6	91 2 44 ,9	1 ,0	91 2 45 ,9	15 35 2 ,5	16 ,6
39 ,7	101 53 45 ,2	11 ,8	101 53 57 ,0	26 26 15 ,5	18 ,5
39 ,8	100 20 44 ,0	10 ,1	100 20 54 ,1	24 53 10 ,8	16 ,7
39 ,8	105 13 21 ,1	15 ,1	105 13 36 ,2	29 45 53 ,6	17 ,4
39 ,3	"	"	"	"	"
39 ,9	"	"	"	"	"

OBSERVATIONS AU

LE 2 AOÛT

Cercle à l'Est. — Correction pour 1′ = 0,07.

ÉTOILES.	THERMOMÈTRE.	BAROMÈTRE.	MOYENNE DES LECTURES.	LECTURES CORRIGÉES.
Nadir. { Observateur au Nord........	"	766	251° 31′ 19″,8	251° 31′ 19″,7
Observateur au Sud........	"	"	18,9	18,8
μ′ Sagittaire...............	23°,2	"	64 28 36,0	64 58 35,8
δ Sagittaire...............	"	"	56 11 28,4	56 11 28,3
π Serpent...............	"	"	83 7 58,0	83 7 58,2
φ Sagittaire...............	"	"	58 57 39,7	58 57 39,4
σ Sagittaire...............	"	"	59 37 52,2	59 37 52,1
ζ Sagittaire...............	"	"	56 1 37,6	56 1 37,4
λ Aigle...............	"	"	81 0 40,7	81 0 40,7
π Sagittaire...............	23°,3	"	64 51 49,1	64 51 49,0
Nadir. { Observateur au Sud........	"	"	251 31 19,2	251 31 19,1
Observateur au Nord........	"	"	19,2	19,1

PILIER DE NOSY-LAVA.

1888. (*Suite.*)

— **Nombre des pointés du nadir : 12.**

NADIR 270°–N. 18′ 28.	HAUTEURS APPARENTES.	RÉFRAC- TIONS.	HAUTEURS VRAIES.	DÉCLINAISONS.	LATITUDE 16° 32′.
40″,3	"	"	"	"	"
41 ,2	"	"	"	"	"
40 ,3	83° 27′ 16″,1	— 6,3	83° 27′ 9″,8	21° 5′ 8″,3	18″,1
40 ,4	74 40 8 ,7	— 15 ,1	74 39 53 ,6	29 52 25 ,9	19 ,5
41 ,1	101 36 39 ,3	+ 11 ,4	101 36 50 ,7	2 55 28 ,0	18 ,7
40 ,6	77 26 20 ,2	— 12 ,4	77 26 7 ,8	27 6 11 ,7	19 ,5
40 ,6	78 6 32 ,7	— 11 ,8	78 6 20 ,9	26 25 59 ,8	20 ,7
40 ,7	74 30 18 ,1	— 15 ,4	74 30 2 ,7	30 2 15 ,9	18 ,6
41 ,0	99 29 21 ,7	+ 9 ,3	99 29 31 ,0	5 2 47 ,9	18 ,9
40 ,8	83 20 29 ,8	— 6 ,6	83 20 23 ,2	21 11 53 ,9	17 ,1
40 ,9	"	"	"	"	"
40 ,9	"	"	"	"	"

OBSERVATIONS AU

LE 15 SEP

Cercle à l'Est. — Correction pour $t' = 0'',08$.

Le pilier récemment achevé

ÉTOILES.	THERMOMÈTRE.	BAROMÈTRE.	MOYENNE DES LECTURES.	LECTURES CORRIGÉES.
Nadir. { Observateur au Sud.........	»	765	251° 29′ 20″,7	251° 29′ 20″,4
Nadir. { Observateur au Nord........	»	»	20 ,3	20 ,0
c^3 Verseau...............	22°,9	»	65 26 16 ,4	65 26 16 ,3
γ Poissons...............	»	»	89 52 57 ,5	89 52 57 ,3
x Poissons...............	»	»	87 51 18 ,5	87 51 18 ,7
δ Sculpteur...............	»	»	58 28 13 ,3	58 28 13 ,1
ω Poissons...............	»	»	93 27 13 ,1	93 27 13 ,0
α Baleine...............	21°,8	»	69 15 26 ,9	69 15 26 ,9
Nadir. { Observateur au Nord........	»	»	251 29 21 ,2	251 29 20 ,9
Nadir. { Observateur au Sud........	»	»	251 29 20 ,8	20 ,5
12 Baleine...............	»	»	82 37 13 ,6	82 37 13 ,8
13 Baleine...............	»	»	83 0 15 ,1	83 0 15 ,1
ξ Baleine...............	»	»	68 36 58 ,5	68 36 58 ,4
189 Piazzi...............	»	»	91 54 56 ,2	91 54 55 ,8
» Baleine...............	»	»	76 26 21 ,3	76 26 21 ,2
θ₁ Baleine...............	»	»	78 27 12 ,3	78 27 12 ,2
γ Phénix...............	»	»	43 20 1 ,2	43 20 1 ,2
γ Poissons...............	»	»	92 7 53 ,3	92 7 53 ,1
ε Sculpteur...............	21°,0	»	61 36 25 ,3	61 36 25 ,2
Nadir. { Observateur au Sud........	»	»	251 29 22 ,6	251 29 22 ,3
Nadir. { Observateur au Nord........	»	»	23 ,5	23 ,2
μ Fourneau...............	»	»	55 58 19 ,8	55 58 20 ,0
67 Baleine...............	»	»	80 16 32 ,9	80 16 32 ,8
ο Baleine...............	»	»	83 43 36 ,9	83 43 36 ,7
ζ Baleine...............	»	»	95 10 2 ,9	95 10 2 ,9
123 Piazzi...............	»	»	93 33 43 ,2	93 33 42 ,9

PILIER DE MOJANGA.

TÉMBRE 1888.

— Nombre des pointés du nadir : 24.

subit des tassements.

NADIR 270°–N. 18° 30′.	HAUTEURS APPARENTES.	RÉFRAC-TIONS.	HAUTEURS VRAIES.	DÉCLINAISONS.	LATITUDE 15° 43′.
39″,6					
40,0					
39,9	83° 56′ 56″,2	− 5″,9	83° 56′ 50″,3	21° 46′ 32″,3	22″,6
39,6	108 23 36,9	+ 18,6	108 23 55,5	2 40 30,1	25,4
39,6	106 21 58,3	+ 16,4	106 22 14,7	0 38 49,3	25,4
39,5	76 58 52,6	− 13,0	76 58 39,6	28 44 43,5	23,1
39,5	111 57 52,5	+ 22,8	111 58 15,3	6 14 51,6	23,7
39,2	87 46 6,1	− 2,5	87 46 3,6	17 57 16,9	20,5
39,1					
39,5					
39,4	101 7 53,2	+ 11,0	101 8 4,2	4 34 17,6	21,8
39,2	101 30 54,2	+ 11,4	101 31 5,6	4 12 18,4	24,0
37,8	87 7 36 2	− 2,9	87 7 33,3	18 35 48,8	22,1
38,9	110 25 34,7	+ 21,2	110 25 55,9	4 42 29,6	26,3
38,8	94 7 0,0	+ 4,9	94 57 4,9	10 46 18,3	24,2
38,6	96 57 50,8	+ 7,0	96 57 57,8	8 45 25,6	23,4
37,4	61 50 38,6	− 30,3	61 50 8,3	43 53 13,6	21,0
38,1	110 38 31,2	+ 21,3	110 38 52,5	4 55 27,3	25,2
37,0	80 7 2,2	− 9,9	80 6 52,3	25 36 27,6	19,9
37,7					
36,8					
36,7	74 28 56,7	− 15,6	74 28 41,1	31 14 43,3	24,4
37,6	98 47 10,4	+ 8,1	98 47 18,5	6 56 5,0	23,5
37,0	102 14 13,7	+ 12,3	102 14 26,0	3 28 57,9	23,9
36,8	113 40 30,7	+ 24,8	113 41 4,5	7 57 38,2	26,3
36,6	112 4 19,5	+ 23,0	112 4 42,5	6 21 15,1	27,4
36,4	[illegible]	[illegible]	[illegible]	[illegible]	[illegible]

OBSERVATIONS AU
LE 16 SEP

Cercle à l'Ouest. — Correction pour 1' — 0″,23
Le pilier subit encore

ÉTOILES.	THERMOMÈTRE.	BAROMÈTRE.	MOYENNE DES LECTURES.	LECTURES corrigées.
Nadir. { Observateur au Nord	//	767	251° 31′ 56″,7	251° 31′ 56″,3
Nadir. { Observateur au Sud	//	//	57,8	57,4
λ² Sagittaire	//	//	80 56 3,7	80 56 3,5
β Aigle	//	//	49 40 56,8	49 40 56,6
c Sagittaire	//	//	83 49 26,0	83 49 25,0
θ Aigle	24°,9	//	56 57 41,1	56 57 40,6
ϝ Capricorne	//	//	73 59 17,0	73 59 16,1
Nadir. { Observateur au Nord	//	//	251 31 56,1	251 31 55,7
Nadir. { Observateur au Sud	//	//	56,6	56,2
ψ Capricorne	//	//	81 28 34,7	81 28 33,9
μ Verseau	24°,0	//	65 12 32,9	65 12 32,4
ζ Microscope	//	//	94 52 8,4	94 52 8,0
ζ Poisson austral	//	//	88 26 30,3	88 26 30,0
ζ Capricorne	//	//	78 41 57,1	78 41 56,8
β Verseau	//	//	61 52 13,2	61 52 12,6
γ Capricorne	//	//	72 58 18,6	72 58 17,9
δ Capricorne	//	//	72 26 22,0	72 26 21,7
γ Grue	23°,5	//	93 41 26,3	93 41 26,0
ι Verseau	//	//	70 13 0,7	70 13 0,0
θ Verseau	//	//	64 8 47,1	64 8 46,2
γ Verseau	//	//	57 45 32,7	57 45 32,6
Nadir. { Observateur au Sud	//	//	251 31 57,1	251 31 56,7
Nadir. { Observateur au Nord	//	//	56,0	55,6
η Verseau	//	//	56 30 9,8	56 30 9,8
λ Verseau	//	//	63 58 51,8	63 58 50,9
δ Verseau	//	//	72 13 12,7	72 13 12,0
α Poisson austral	//	//	86 1 1,1	86 1 0,9
δ Verseau	//	//	77 54 56,2	77 54 55,6

PILIER DE MOJANGA.

TEMBRE 1888.

— Nombre des points du nadir : 24.
quelques tassements.

NADIR 270°-N. 18° 28'.	HAUTEURS APPARENTES.	RÉFRAC- TIONS.	HAUTEURS VRAIES.	DÉCLINAISONS.	LATITUDE.
3″,7	″	″	″	″	″
2,6	″	″	″	″	″
3,8	99° 24′ 7″,3	9″,4	99° 24′ 16″,7	25° 7′ 40″,4	23″,7
3,2	68 9 59,8	22,5	68 9 37,3	6 7 55,9	26,8
4,0	102 17 29,0	12,5	102 17 41,5	28 1 6,5	25,0
3,7	75 25 44,3	14,5	75 25 29,8	1 8 55,6	25,8
4,1	92 27 20,2	2,5	92 27 22,7	18 10 47,8	25,1
4,3	″	″	″	″	″
3,8	″	″	″	″	″
4,3	99 56 38,2	9,8	99 56 48,0	25 40 12,8	24,8
3,7	83 40 36,1	6,2	83 40 29,9	9 23 56,4	26,5
4,3	113 20 12,3	24,2	113 20 36,5	39 3 57,2	20,7
4,3	106 54 34,3	17,0	106 54 51,3	32 38 14,9	23,6
4,3	97 10 1,1	7,1	97 10 8,2	22 53 33,1	24,9
3,6	80 20 16,2	9,6	80 20 6,6	6 3 32,2	25,6
4,4	91 26 22,3	1,5	17 9 50,1	17 9 50,1	26,3
4,4	90 54 26,1	1,0	16 37 52,0	16 37 52,0	25,9
4,4	112 9 30,4	23,6	37 53 18,0	37 53 18,0	24,0
3,5	88 41 3,5	1,3	14 24 30,6	14 24 30,6	28,4
3,4	82 36 49,6	7,4	8 20 10,3	8 20 10,3	28,1
3,3	76 13 35,9	13,7	1 56 48,1	1 56 48,1	25,8
3,3	″	″	″	″	″
4,4	″	″	″	″	″
3,4	74 58 13,2	14,0	0 41 23,1	0 41 23,1	24,9
3,6	82 26 54,5	7,4	8 10 14,6	8 10 14,6	27,5
4,2	90 41 16,2	0,8	16 24 41,6	16 24 41,6	25,6
4,1	104 29 5,0	14,8	30 12 43,2	30 12 43,2	23,8
4,0	96 22 59,6	6,2	21 46 32,2	21 46 32,3	26,5

OBSERVATIONS DE LATITUDE

CERCLE À L'OUEST.

DISTANCES ZÉNITHALES.	ÉTOILES PASSANT AU NORD.	LATITUDE 12°16'.	DISTANCES ZÉNITHALES.	ÉTOILES PASSANT AU SUD.	LATITUDE 12°16'.
44°	ζ Hercule	20″,8	47°	β Centaure	14″,7
43	ρ Bouvier	18,6	15	τ Scorpion	14,8
40	α Couronne	20,8	14	α Scorpion	16,7
40	ξ Bouvier	16,4	13	σ Scorpion	18,8
39	α Couronne	19,6	12	20 Balance	16,4
37	ζ Bouvier	18,2	10	δ Scorpion	18,9
19	α Serpent	17,2	10	Idem	17,2
19	Idem	19,1	10	β Corbeau	17,7
16	δ Vierge	18,9	8	λ Balance	18,1
15	λ Ophiuchus	17,3	8	Idem	17,7
12	ζ Vierge	17,9	7	χ Balance	19,5
12	ξ Vierge	19,0	7	β₁ Scorpion	17,2
12	π Vierge	18,2	7	γ₂ Scorpion	20,5
7	θ Vierge	17,4	7	χ Balance	18,0
7	Idem	20,5	5	61 Vierge	17,8
7	χ Vierge	20,7	5	Idem	15,5
4	π Vierge	20,2	4	ζ₁ Balance	20,8
4	Idem	20,1	4	Idem	19,6
3	χ Vierge	23,2	3	α₂ Balance	20,1
3	β Balance	18,4	3	Idem	17,6
2	α Vierge	19,1	3	δ Corbeau	17,6
2	ζ₂ Balance	20,0	0°34'	λ Vierge	19,1
2	π Vierge	19,3			

Étoiles passant au Nord. . . . .
Étoiles passant au Sud. . . . .
Moyennes. . . . .

AU PILIER D'ANTSIRANA.

CERCLE À L'EST.

DISTANCES ZÉNITHALES.	ÉTOILES PASSANT AU NORD.	LATITUDE 12° 16'.	DISTANCES ZÉNITHALES.	ÉTOILES PASSANT AU SUD.	LATITUDE 12° 16'.
20°	ζ Bouvier	26",6	12°	20 Balance	21",7
16	δ Vierge	22,8	11	β Corbeau	20,2
14	τ Vierge	26,2	5	61 Vierge	18,0
12	η Vierge	22,2	3	δ Corbeau	21,2
7	$\int$ Vierge	19,8	3	α_2 Balance	20,0
7	θ Vierge	23,4	0 34'	λ Vierge	22,9
2	x Vierge	23,8			
1	ξ_2 Balance	20,7			

CERCLE À L'OUEST.	CERCLE À L'EST.	MOYENNES.
19",1	23",2	21"1
17.9	20,6	19,2
18.5	21,9	20,1

OBSERVATIONS DE LATITUDE

CERCLE A L'OUEST.

DISTANCES ZÉNITHALES.	ÉTOILES PASSANT AU NORD.	LATITUDE.	DISTANCES ZÉNITHALES.	ÉTOILES PASSANT AU SUD.	LATITUDE.
28°	γ Pégase..........	24″,3	19°	ι Poisson..........	23″,7
25	ω Aigle............	20 ,7	14	ε Sagittaire........	20 ,1
22	α Aigle............	23 ,0	13	α Ophiuchus.......	26 ,3
20	ω Poisson..........	23 ,9	12	30 Piazzi...........	22 ,5
16	δ Aigle...........	21 ,0	12	χ Aigle...........	18 ,6
16	μ¹ Sagittaire........	23 ,2	5	β Baleine..........	22 ,9
15	δ Sculpteur........	20 ,9	2	β Capricorne.......	21 ,3
13	θ Aigle...........	22 ,6			
11	η Serpent.........	21 ,6			
10	δ Poisson..........	22 ,6			
9	13 Baleine..........	23 ,0			
8	λ Aigle...........	21 ,1			
8	β Ophiuchus.......	21 ,6			
7	30 Poisson..........	23 ,3			
3	γ Ophiuchus.......	22 ,4			
0 32'	Capricorne.......	22 ,4			

Étoiles passant au Nord..

Étoiles passant au Sud...

AU PILIER D'HELLVILLE.

CERCLE À L'EST.

DISTANCES ZÉNITHALES.	ÉTOILES PASSANT AU NORD.	LATITUDE.	DISTANCES ZÉNITHALES.	ÉTOILES PASSANT AU SUD.	LATITUDE.
46°	β_1 Lyre............	27",8	17°	ζ Sagittaire........	24",7
41	β_1 Cygne..........	25,0	15	c Sagittaire........	22,1
24	ω Aigle...........	27,4	15	Idem..............	24,2
24	Idem..............	25,5	14	φ Sagittaire........	23,7
23	γ Aigle...........	27,9	13	σ Sagittaire........	24,8
22	α Aigle...........	28,1	12	h_2 Sagittaire........	23,0
22	Idem..............	25,3	10	ξ Capricorne......	23,5
19	β Aigle...........	27,6	8	γ_1 Sagittaire........	23,1
19	Idem..............	25,4	8	π Sagittaire........	22,7
16	δ Aigle...........	27,4	6	δ Capricorne......	24,8
16	Idem..............	24,7	5	ρ Capricorne......	21,5
16	γ_1 Ophiuchus......	26,4	4	γ Capricorne......	23,9
13	θ Aigle...........	27,1	2	β_2 Capricorne......	23,0
13	Idem..............	25,7			
12	α Verseau.........	25,6			
10	η Serpent.........	25,5			
10	Idem..............	25,6			
8	3 Verseau.........	24,2			
8	λ Aigle...........	24,3			
8	Idem..............	24,6			
4	μ Verseau.........	23,4			
o 33'	α Capricorne......	25,8			
o 33	Idem..............	24,6			

CERCLE À L'OUEST.	CERCLE À L'EST.	MOYENNES.
—	—	—
22",3	25",8	24",0
22,2	23,4	22,8
22.3	24,6	23,4

OBSERVATIONS DE LATITUDE

CERCLE À L'OUEST.

DISTANCES ZÉNITHALES.	ÉTOILES PASSANT AU NORD.	LATITUDE.	DISTANCES ZÉNITHALES.	ÉTOILES PASSANT AU SUD.	LATITUDE.
18°	p' Ophiuchus......	18″,1	15°	δ Ophiuchus......	17″,5
18	δ Aigle..........	18,2	15	ξ Sagittaire.......	16,2
17	λ Ophiuchus......	19,3	13	τ Sagittaire.......	14,7
12	π Serpent........	17,8	11	σ Sagittaire.......	16,7
12	δ Ophiuchus......	16,4	11	σ Scorpion.......	15,5
10	λ Aigle..........	18,2	11	Antarès.........	15,3
9	β Verseau........	16,2	11	A' Ophiuchus......	18,5
8	x Aigle..........	18,8	10	θ Ophiuchus......	16,7
6	γ Verseau........	16,2	10	Idem..............	16,4
5	γ Ophiuchus......	18,2	7	δ Scorpion........	17,3
			6	μ' Sagittaire.......	19,3
			6	π Sagittaire.......	16,6
			5	δ Ophiuchus......	17,4
			4	β_1 Scorpion......	17,1
			4	γ^2 Scorpion........	16,8
			3	ρ Capricorne......	16,2
			1	η Ophiuchus......	16,6

Étoiles passant au Nord...

Étoiles passant au Sud..

Moyennes..

Moyenne des 49 étoiles..

Latitude adoptée..

AU PILIER DE NOSY-LAVA.

CERCLE À L'EST.

DISTANCES ZÉNITHALES.	ÉTOILES PASSANT AU NORD.	LATITUDE.	DISTANCES ZÉNITHALES.	ÉTOILES PASSANT AU SUD.	LATITUDE.
25°	γ Aigle	18″,2	15°	ξ Sagittaire.......	18″,6
20	β Aigle	22 ,0	15	δ Sagittaire.......	19 ,5
21	α Serpent	20 ,0	14	ε Scorpion........	18 ,5
18	ρ' Ophiuchus......	20 ,5	13	φ Sagittaire.......	19 ,5
16	λ Ophiuchus......	18 ,5	11	Antarès.........	19 ,3
12	δ Ophiuchus......	18 ,1	11	σ Sagittaire.......	20 ,7
11	η Serpent........	18 ,7	11	σ Scorpion........	18 ,2
9	$\bullet\lambda$ Aigle	18 ,9	7	δ Scorpion........	19 ,1
2	α^2 Capricorne......	17 ,2	6	μ' Sagittaire.......	18 ,1
			6	π Sagittaire.......	17 ,0
			6	λ Balance	17 ,0
			5	β_1 Scorpion........	18 ,0
			5	γ^2 Scorpion........	18 ,0

CERCLE À L'OUEST.	CERCLE À L'EST.	MOYENNES.
17″,7	19″,1	18″,4
16 ,7	18 ,6	17 ,6
17 ,2	18 ,8	18 ,0
″	″	17 ·9
....		14° 32′ 18 ,0

OBSERVATIONS DE LATITUDE

CERCLE À L'OUEST.

DISTANCES ZÉNITHALES.	ÉTOILES PASSANT AU NORD.	LATITUDE.	DISTANCES ZÉNITHALES.	ÉTOILES PASSANT AU SUD.	LATITUDE.
17°	γ Poisson........	25″,9	23°	ξ Microscope......	20″,7
16	9 Verseau........	24,9	22	γ Grue	24,0
15	θ Aigle	25,8	16	b Poisson austral...	23,6
14	γ Verseau	25,8	14	α Poisson austral...	23,8
12	β Aigle	26,8	12	c Sagittaire.......	25,0
10	β Verseau	25,2	9	λ Sagittaire.......	23,7
8	θ Verseau	28,1	9	ψ Capricorne......	24,8
8	λ Verseau	27,5	7	ζ Capricorne..... ♏.	24,9
7	μ Verseau	26,1	6	c^1 Verseau	26,5
2	ι Verseau	28,4	2	ρ Capricorne	25,1
			1	γ Capricorne......	26,3
			0 54′	δ Capricorne	25,9
			0 21	δ Verseau	25,6

Étoiles passant au Nord...

Étoiles passant au Sud..

Moyennes..

Moyenne des 44 étoiles..

Latitude adoptée..

AU PILIER DE MOJANGA.

CERCLE À L'EST.

DISTANCES ZÉNITHALES.	ÉTOILES PASSANT AU NORD.	LATITUDE.	DISTANCES ZÉNITHALES.	ÉTOILES PASSANT AU SUD.	LATITUDE.
24°	ζ Baleine..........	26″,3	29°	γ Phénix..........	21″,9
22	ω Poissons..........	23,7	16	μ Fourneau..........	24,4
22	123 Piazzi..........	27,4	14	δ Sculpteur..........	23,9
21	γ Poissons..........	25,2	10	ε Sculpteur..........	19,9
20	129 Piazzi..........	26,3	6	c_2 Verseau..........	23,4
18	γ Baleine..........	23,2	3	a Baleine..........	20,6
16	π Poissons..........	25,4	3	β Baleine..........	22,1
12	13 Baleine..........	24,0			
12	o Baleine..........	23,9			
11	12 Baleine..........	21,8			
9	67 Baleine..........	23,5			
8	γ Poissons..........	25,4			
7	θ Baleine..........	23,4			
5	η Baleine..........	24,2			

CERCLE À L'OUEST.	CERCLE À L'EST.	MOYENNES.
—	—	—
26″,4	23″,3	24″,8
24,6	22,3	23,5
25,5	22,8	24,2
»	»	24,6
		15° 43′ 24,2

Log ρ = 6,8019485. POINTS DÉTERMINÉS EN 1887. Log ρ' = 6,8047714.

SIGNAUX			COORDONNÉES		POSITION GÉOGRAPHIQUE		APPROXIMATION			ALTITUDES	
NOMS ADOPTÉS.	NOMS PORTÉS sur LES CAHIERS D'OBSERVATIONS.	NATURE DES SIGNAUX.	DISTANCE à LA MÉRIDIENNE.	DISTANCE à LA PERPENDICULAIRE.	LATITUDE déduite par la triangulation des latitudes observées au pilier de Nosy-Lava.	LONGITUDE déduite par la triangulation de la longitude adoptée pour le pilier d'Hellville.	NOMBRE des relèvements et segments.	MOYENNE des distances des relèvements et segments au point adopté.	MOYENNE des erreurs angulaires par rapport au point adopté.		POINTS dont les altitudes sont données.
Pilier d'Antsirane	Pilier méridien d'Antsirane	Pilier en maçonnerie.	0m,0	0m,0	12°16'57,3 S.	46°57'36",0 O.	3	0m,017	1",0		
Dent du Cap	Dent du cap	Sommet de l'arbre le plus élevé.	− 1382 05	+ 19758 76	12 0 17,4	46 56 50,5	3	0 28	2,8	230	Sommet des arbres.
Signal A	Signal A	Mât.	− 11025 5	+ 16912 8	12 2 34,7	46 51 25,7	4	0 50	.	278	Sol.
Signal du Coq	Signal du Coq	Mât et cône en pierres sèches.	− 5070 45	+ 21971 90	12 2 50,4	46 54 48,6	3	0 43	4,2	278	Sol.
Signal Ballon	Signal Ballon	Mât.	− 9202 3	+ 21109 8	12 4 55,0	46 50 31,9	4	0 124	12,0	44	Idem.
Signal Tirailleuse	Signal Tirailleuse	Mât et cône en pierres sèches.	− 9027 7	+ 19071 3	12 5 58,2	46 50 37,7	8	0 10	2,7	109	Idem.
Nosy-Vaha	Muraby		− 33080 31	+ 15088 50	12 6 13,8	46 39 42,0	3	074	1,0	7 40	
Nosy-Mavony	Rocher d'Aspres	Sommet.	− 17500 1	+ 16072 7	12 8 47,0	46 42 33,0	3	0 65	.	34	Sommet des broussailles.
Nosy-Foty	Signal Mursoou	Pyramide en bois.	− 33819 41	+ 8966 68	12 11 33,2	46 38 57,6	4	0 166	2,6	.	
Andramaimbo	Windsor	Sommet de l'arbre le plus élevé.	− 12897 51	+ 6762 19	12 12 45,2	46 50 49,6	4	0 482	6,8	248	Sommet des arbres.
Nosy-Laugoro	Signal Aigrette	Mât.	− 3237 90	+ 5782 57	12 13 17,3	46 59 23,1	6	0 269	1,8	15	Sol.
Jalon du poste	Jalon du poste	Idem.	− 13940	+ 3693	12 14 45,0	46 49 55,0	3	2 56	.	50	Idem.
Prolongement Est de la base (signal)	Pro[m]t Est de la base (signal)	Idem.	− 1113 23	+ 3340 42	12 15 37,5	46 56 59,0	.	.	.	.	
Prolongement Est de la base (jalon)	Pro[m]t Est de la base (jalon)	Jalon.	− 1177 790	+ 3300 238	12 14 37,5	46 56 59,0	3	0 0	0,0	.	
Pilier Est de la base	Pilier Est de la base	Pilier en maçonnerie.	− 1506 381	+ 9817 028	12 16 52,9	46 56 44,5	.	.	.	.	
Pilier Ouest de la base	Pilier Ouest de la base	Idem.	− 2187 903	+ 2203 790	12 15 19,6	46 56 43,8	.	.	.	.	
Vatomainty ou Ampanobalana (jalon)	Signal cap Diégo (jalon)	Jalon.	− 456 455	+ 2203 195	12 15 00,3	46 57 7,9	3	0 018	3,0	.	
Vatomainty ou Ampanobalana (signal)	Signal cap Diégo (signal)	Mât surmonté d'une boule.	− 856 68	+ 2009 56	12 15 00,3	46 57 7,9	.	.	.	67	Sol.
Prolongement Ouest de la base (jalon)	Pro[m]t Ouest de la base (jalon)	Jalon.	− 2046 601	+ 1518 479	12 15 36,0	46 56 21,9	3	0 0	0,0	.	
Signal Oraujia	Signal Orangea	Mât et pyramide en pierres sèches.	+ 6729 17	+ 1081 93	12 13 48,7	47 1 29,0	5	0 115	2,7	108	Sol.
Jalon Grégoire	Jalon Grégoire	Mât.	− 4600 50	+ 176 91	12 16 31,3	46 53 3,3	5	0 044	1,0	91	Idem.
Rocher pointu	Rocher pointu	Sommet.	− 33106 75	− 690 40	12 16 47,4	46 39 12,8	3	0 48	.	42	Sommet des broussailles.
Petite selle	Signal Petite selle	Mât et cône en pierres sèches.	− 12113 38	− 1991 58	12 17 5,1	46 49 12,8	6	0 031	2,7	150	Sol.
Pain de sucre	Pain de sucre de Diégo	Mât.	+ 3648 90	− 3004 83	12 18 2,3	46 59 32,7	5	0 145	4,7	120	Sommet des broussailles.
Signal Avril	Signal Avril	Mât et cône en pierres sèches.	− 6617 33	− 5167 18	12 19 12,6	46 53 57,0	6	0 130	3,0	.	
Ankitkinos	Sommet Mi-partie	Arbre le plus élevé.	− 21735 8	− 6454 6	12 19 58,4	46 44 36,0	5	0 91	15,0	270	Sol.
Signal Potopoto	Signal jaune	Mât et cône en pierres sèches.	− 53986 48	− 7656 19	12 20 32,4	46 38 52,3	5	0 49	4,0	61	Sommet des arbres.
Signal Matuinsariva	Signal Matuinsariva	Mât dans l'intérieur du fort.	− 1075 95	− 9008 23	12 21 18,7	46 57 1,6	5	0 055	1,1	287	Sol.
Signal Nosy-Vatiha	Signal Joseph	Mât et cône en pierres sèches.	− 63608 48	− 1183,48	12 22 17,0	46 31 3,6	6	0 404	2,8	74	Idem.
Arbre Nosy-Vatiha	Arbre Joseph	Sommet de l'arbre le plus haut.	− 63184 1	− 12711 3	12 23 17,0	46 31 41,2	3	0 87	.	143	Sommet de l'arbre.
Sommet station	Sommet station	Cône en pierres sèches.	− 52371 8	− 16165 6	12 23 18,9	46 43 56,7	6	0 53	.	255	Sol.
Nosy-Tsanga	Ile Chapelle	Sommet.	− 62566 7	− 17265 5	12 26 1,9	46 23 4,6	4	0 47	.	.	
Signal Ambohipou	Signal Saint-Sébastien	Mât et cône en pierres sèches.	− 24637 91	− 19434 70	12 26 56,5	46 49 13,0	5	0 68	3,9	516	Sol.
Menanove	Menanove	Arbre le plus haut.	− 62067 67	− 19768 66	12 27 6,4	46 20 35,4	4	0 94	.	208	Sommet des arbres.
Nosy-Antolo	Ile de l'Entrée	Sommet.	− 52827 0	− 3614 0	12 29 19,2	46 23 40,8	4	0 93	.	.	
Nosy-Faulsaxe	Ile Mère	Idem.	− 55576 8	− 2541 9	12 30 10,6	46 26 55,5	3	0 94	.	56	Sol.
Signal du mont Pelé	Signal Grand-Pelé	Mât et cône en pierres sèches.	− 64443 01	− 27565 61	12 31 21,7	46 34 48,6	5	0 11	2,4	305	Idem.
Cône boisé	Sommet Milieu	Arbre le plus haut.	− 44466 3	− 28481 9	12 31 51,4	46 33 3,6	3	0 12	.	220	Sommet des arbres.
Montagne d'Ambre ou Ambrhiv	Montagne d'Ambre	Idem.	− 18700	− 30000	12 32 41,7	46 49 29,3	.	.	.	1361	Idem.
Station dans la baie Ampamonoty	Station dans la baie Ampamonoty		− 46012 8	− 33764 8	12 34 43,0	46 32 11,9	4	0 96	.	14	Sol.
Station sur Nosy-Very	Station Dauphin		− 48080 0	− 36634 1	12 36 17,1	46 30 43,0	5	1 13	.	.	
Palmier de Nosy-Very	Palmier Dauphin	Palmier.	− 48484 2	− 36655 0	12 36 17,1	46 30 43,0	.	.	.	71	Sol.
Sommet Colonne	Sommet Colonne	Sommet.	− 34300 6	− 43916 8	12 40 15,0	46 29 29,5	4	59	.	508	Idem.
Nosy-Lava	Nosi-Lava (de Nossi-Mitsiou)	Arbre le plus haut.	− 66029 4	− 54481 9	12 44 51,0	46 21 17,3	3	0 05	3,3	.	
Mont Ankarana	Pain de Sucre (de Nossi-Mitsiou)	Idem.	− 72878 3	− 60860 8	12 49 16,8	46 17 19,7	4	0 19	1,7	.	
Ankareza	Ankareza	Arbre le plus haut au bord de la falaise.	− 77891 0	− 60654 9	12 50 12,3	46 14 49,7	4	0 79	2,5	.	
Arbre de Nosy-Mongo	Arbre Champignon (Green)	Arbre.	− 52884 0	− 77004 0	12 58 9,7	46 05 36,6	3	1 26	6,5	.	
Station à l'Est de Nosy-Mongo	Station à la côte (près de l'île Green)		− 47698 0	− 86530 7	13 2 47,8	46 02 23,1	8	0 68	2,5	.	

TRIANGULATION DE LA CÔTE N. O. DE MADAGASCAR.

Log ρ = 6,8019850   POINTS DÉTERMINÉS EN 1888.   Log ρ' = 6,8047832.

SIGNAUX			COORDONNÉES.		POSITION GÉOGRAPHIQUE.		APPROXIMATION.			ALTITUDES.	
NOMS ADOPTÉS.	NOMS PORTÉS sur LES CAHIERS D'OBSERVATION.	NATURE DES SIGNAUX.	DISTANCE à LA MÉRIDIENNE.	DISTANCE à LA PERPENDICULAIRE.	LATITUDE déduite par la triangulation des latitudes observées au pilier de Nosy-Lava.	LONGITUDE déduite par la triangulation de la longitude adoptée pour le pilier d'Hellville.	NOMBRE des relèvements et segments.	MOYENNE des distances des relèvements et segments au point adopté.	MOYENNE des erreurs angulaires par rapport au point adopté.		POINTS dont les altitudes sont données.
Pilier d'Hellville	Pilier méridien d'Hellville	Pilier en maçonnerie.	0m,0	0m,0	13° 45′ 20″,78	40°57′ 5″,0 O.	.	.	.	.	.
Arbre de Nosy-Bé	Arbre Nosi-Bé	Le sommet d'un arbre isolé sur un sommet.	− 5408 87	+ 9435 65	13 19 11,9	45 14 5,4	3	0m,83	2″,6	335m	Sol.
Mât de pavillon	Mât de pavillon	Mât du Gouvernement.	− 15 90	− ″ 40	13 24 10,7	45 17 4,5	3	0 02	1 ,11	.	.
Vigie de Nosy-Bé	Vigie de Nosi-Bé	Mât.	− 2067 78	− 479 15	13 24 36,1	45 35 56,3	6	0 16	5 ,7	133	Sol.
Signal Nosy-Komba	Signal Nossi-Comba	Idem.	+ 8131 58	− 7719 25	13 28 31,8	46 1 35,4	4	0 79	2 ,2	626	Idem.
Tany-Kély	Tanikéli	Potence du feu.	− 4524 11	− 8308 73	13 28 51,0	45 54 35,6	3	0 36	5 ,6	56	.
Signal Angaboka	Signal Bavatoabé	Mât et cône en pierres sèches.	− 32283 45	− 10929 90	13 30 15,7	45 38 38,3	3	0 07	0 ,3	88	Sol.
Signal Dupuis	Signal Dupuis	Mât.	− 34402 4	− 14738 8	13 30 19,6	45 28 0,9	5	1 36	.	153	Idem.
Signal Iranja	Signal Bernahomey	Pyramide en bois entre les 2 îles.	− 49285 7	− 21599 2	13 35 39,8	45 19 45,5	3	0 65	2 ,3	3 2	Idem.
Audrano-Miserano	Andranou (2e arbre)	Sommet d'un arbre.	− 30653 7	− 27948 8	13 39 29,5	45 38 58,5	3	0 36	2 ,6	686	Sommet des arbres.
Idem	Andranou (1er arbre)	Idem.	− 30654 6	− 27980 3	13 39 30,6	45 38 58,5	3	0 32	2 ,5	.	.
Deux-Sœurs	Deux-Sœurs	Idem.	− 21624 3	− 39445 7	13 45 44,0	45 45 5,2	5	0 62	3 ,4	753	Sommet des arbres.
Sommet Porte	Sommet Selle	Idem.	− 21199 8	− 57180 3	13 55 21,1	45 45 18,8	3	0 21	.	705	Idem.
Signal Nosy-Karakajoro	Signal Érundza	Mât et cône en pierres sèches.	− 54468 9	− 59321 0	13 56 29,3	45 26 50,1	3	1 62	5 ,2	166	Sol.
Signal Lavalobalikia	Signal Mât-Coupé	Idem.	− 37641 9	− 66462 0	14 0 22,6	45 36 10,6	3	0 43	4 ,6	57	Idem.
Bavavona	Grand Kettlebottom	Sommet.	− 11652 5	− 70719 1	14 2 41,9	46 3 33,4	3	4 47	7 ,1	1869	Idem.
Ankaramy	Sommet Gyp	Sommet de la montagne (mal déterminé).	− 21566 2	− 73541 0	14 4 13,5	45 44 29,8	7	5 53	.	409	Broussailles ou rochers.
Signal Berangoma	Signal Mont-d'Or	Mât et cône en pierres sèches.	− 41133 3	− 76174 5	14 5 38,5	45 34 17,6	3	0 28	2 ,5	68	Sol.
Signal Antany-Mora	Signal Antany-Mora	Idem.	− 57243 9	− 78535 6	14 6 53,0	45 25 16,8	5	0 42	5 ,0	146	Idem.
Marotaolana	Sommet Rayé	Sommet de la montagne.	− 12544 5	− 90267 9	14 13 18,0	45 50 6,6	2	..	.	654	Idem.
Grand-Palmier Andranomena	Signal Grand-Palmier	Palmier le plus haut d'un groupe.	− 55335 3	− 93349 7	14 14 36,5	45 26 15,4	3	0 10	1 ,3	.	.
Canine	Canine (2e point)	Sommet d'un arbre.	− 39119 3	− 101095 2	14 19 9,6	45 35 17,0	5	0 74	5 ,3	373	Sommet des arbres.
Idem	Canine (1er point)	Idem.	− 39208 1	− 101114 8	14 19 10,2	45 35 16,6	4	0 52	4 ,3	.	.
Signal Nosy-Saba	Signal Saba	Mât et pyramide en pierres sèches.	− 68256 8	− 105478 1	14 21 30,3	45 19 6,9	5	0 48	3 ,5	32	Sol.
Arbre Nosy-Saba	Arbre Saba	Arbre.	− 69098 5	− 106104 9	14 21 50,6	45 18 38,7	4	1 20	.	44	Sommet de l'arbre.
Globe	Sommet Globe	Petit arbre au sommet.	− 50893 2	− 119528 7	14 29 8,8	45 28 45,4	2	.	.	33 2	Sol.
Pilier de Nosy-Lava	Pilier Nosi-Lava	Pilier en maçonnerie.	− 71718 5	− 125389 8	14 32 18,0	45 17 9,6	5	0 41	3 ,4	33	Idem.
Signal Nosy-Lava	Signal Nossi-Lava	Mât et cône en pierres sèches.	− 72939 4	− 126575 8	14 32 56,4	45 16 28,5	5	0 58	4 ,2	107	Idem.
Pic Luza	Pic Luza	Sommet.	− 51120 1	− 136406 7	14 38 11,5	45 28 36,7	2	.	.	221	Idem.
Signal Maromony	Signal Pointe Maromony	Mât.	− 89810 5	− 141882 8	14 41 12,9	45 7 3,1	4	1 39	7 ,1	.	.

TRIANGULATION DE MOJANGA.

Log ρ = 6,8020720.   POINTS DÉTERMINÉS EN 1888.   Log ρ' = 6,8048121.

SIGNAUX.			COORDONNÉES.		POSITION GÉOGRAPHIQUE.		APPROXIMATION.			ALTITUDES.
NOMS ADOPTÉS.	NOMS PORTÉS sur LES CAHIERS D'OBSERVATION.	NATURE DES SIGNAUX.	DISTANCE à LA MÉRIDIENNE.	DISTANCE à LA PERPENDICULAIRE.	LATITUDE.	LONGITUDE.	NOMBRE des relèvements	MOYENNE des distances du point adopté aux relèvements et aux segments.	MOYENNE des erreurs angulaires du point adopté.	POINTS dont les altitudes sont données.
»	Pilier de Mojanga............	»	0ᵐ,0	0ᵐ,0	15°43'24".9	43°58'54",4	"	»	»	»
»	Mât du fort Hova............	.	— 522 73	+ 780 36	15 42 58 ,8	43 58 36 ,8	6	0ᵐ,015	4"	.
»	Signal Hova................	»	— 319 91	+ 653 15	15 43 2 ,9	43 58 43 .7	6	0 016	13	.
»	Signal Roche...............	»	— 467 46	+ 533 61	15 43 6 ,8	43 58 38 ,7	4	0 152	54	.
»	Signal Crête...............	»	— 125 32	+ 516 27	15 43 7 ,4	43 58 50 ,2	6	0 098	54	.
»	Mât du Gouvernement........	»	+ 310 81	+ 451 04	15 43 9 ,5	43 58 59 ,8	5	0 018	16	.
»	Signal Cimetière...........	»	— 185 70	+ 366 50	15 43 12 ,3	43 58 48 ,2	3	0 014	9	.
»	Signal Abattoir............	»	+ 61 199	+ 209 119	15 43 17 ,4	43 58 56 ,5	3	0 023	21	.
»	Signal Plage...............	»	— 125 750	+ 106 757	15 43 20 ,7	43 58 50 ,2	.	.	.	.
»	Signal Cabane..............	»	+ 35 192	+ 6 058	15 43 24 ,0	43 58 55 ,6	.	.	.	.
»	Mât de la résidence française...	»	— 144 33	— 173 32	15 43 29 ,8	43 58 49 ,7	5	0 112	48	.
»	Mât du consulat anglais.....	»	+ 136 05	— 201 33	15 43 30 ,8	43 58 59 ,6	4	0 080	26	.
»	Paratonnerre Ouest de l'agence.	»	— 56 16	— 221 94	15 43 31 ,4	43 58 52 ,5	4	0 062	22	.
»	Paratonnerre Est de l'agence...	»	— 30 12	— 226 10	15 43 31 ,6	43 58 53 ,4	3	0 219	68	.
»	Mât Garnier................	»	+ 179 15	— 238 67	15 43 32 ,0	43 59 0 ,4	4	0 077	90	.

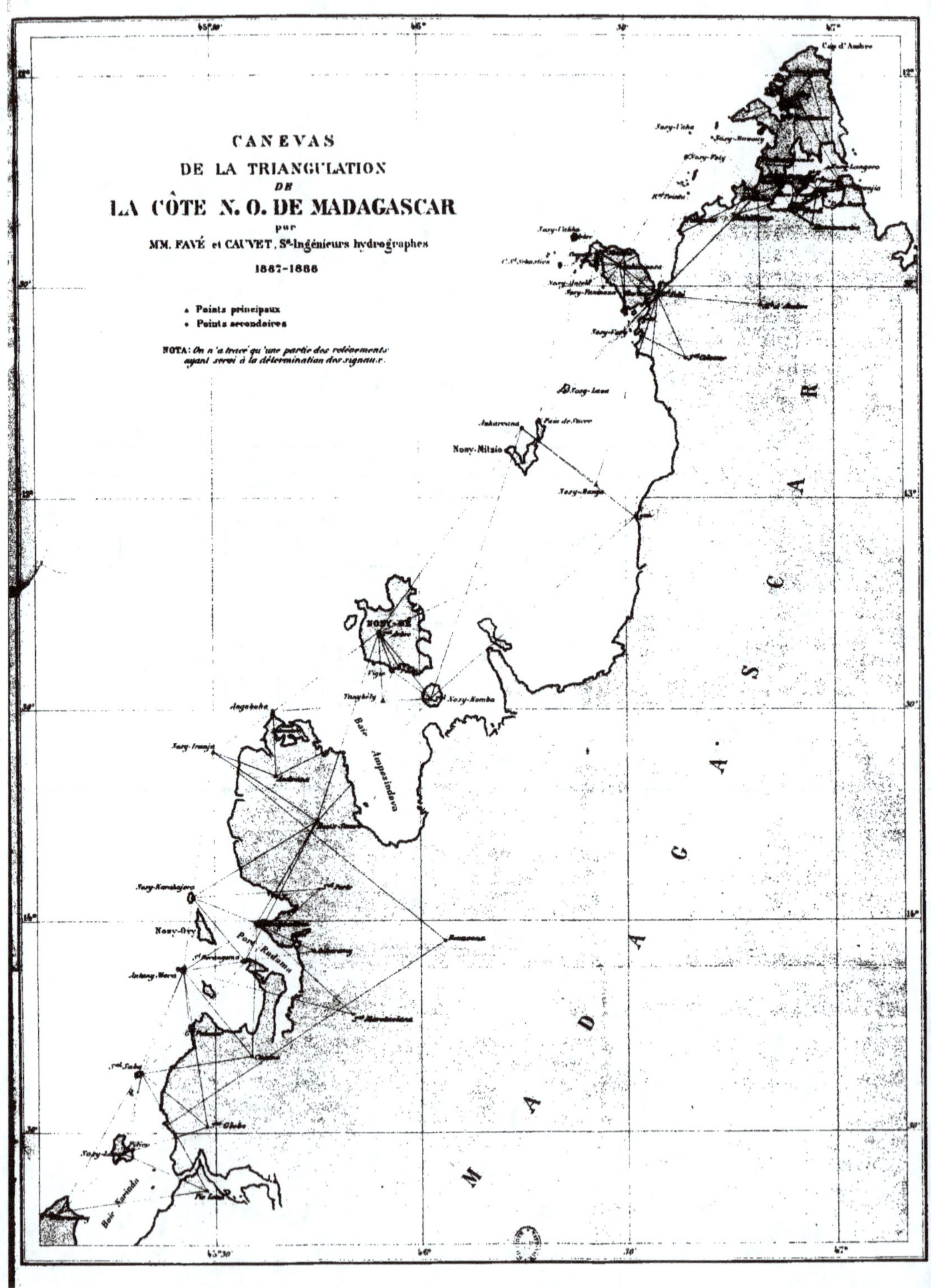

CANEVAS
DE LA TRIANGULATION
DE
LA CÔTE N. O. DE MADAGASCAR
par
MM. FAVÉ et CAUVET, Sˢ Ingénieurs hydrographes
1887-1888

Points principaux
Points secondaires

NOTA: On n'a tracé qu'une partie des relèvements
ayant servi à la détermination des signaux.

Cap d'Ambre
Nosy-l'isha
Nosy-Mitsio
Nosy-Bé
Nosy-Komba
Baie Ampasindava
Angabaka
Nosy-Iranja
Nosy-Karabajara
Nosy-Ovy
Port Radam
Antony-Marva
MADAGASCAR
Baie Karinda

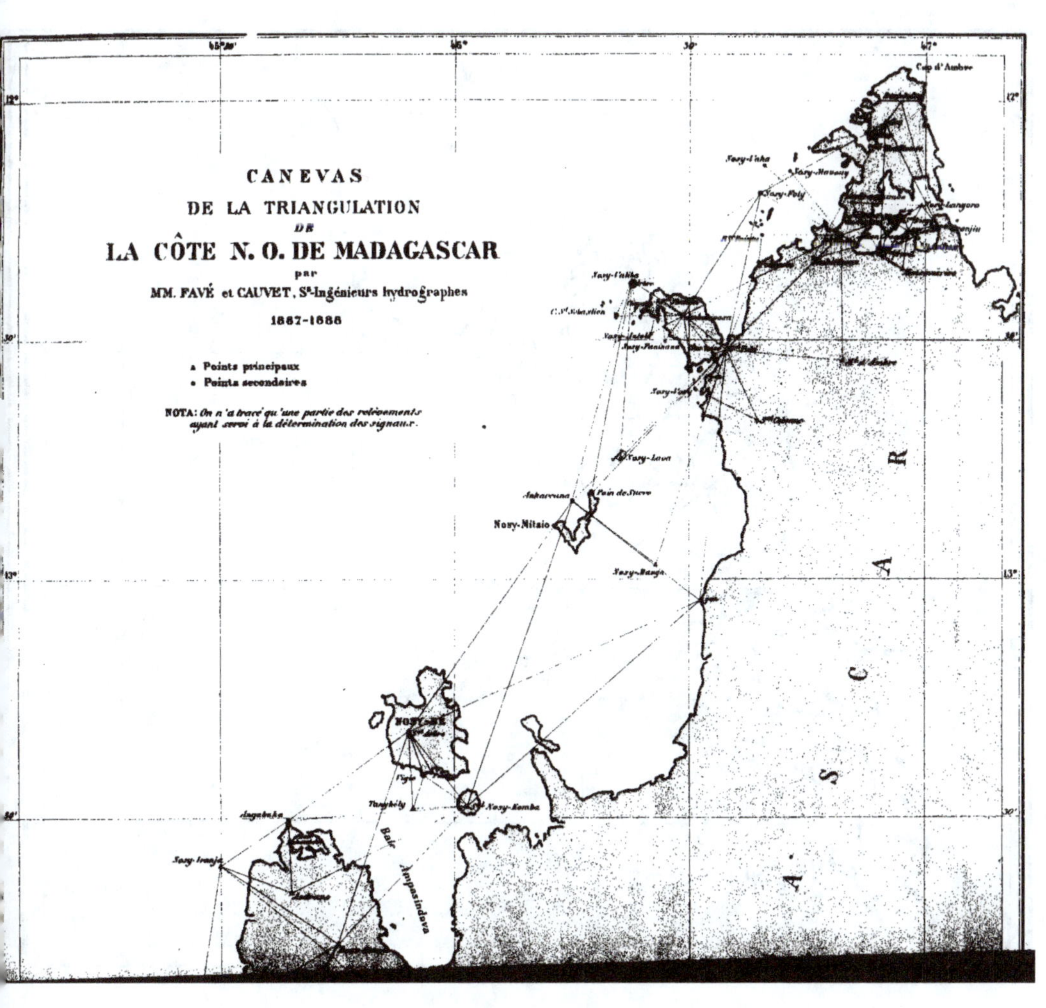
CANEVAS
DE LA TRIANGULATION
DE
LA CÔTE N. O. DE MADAGASCAR
par
MM. FAVÉ et CAUVET, S^r. Ingénieurs hydrographes
1887-1888
Points principaux
Points secondaires
NOTA: On n'a tracé qu'une partie des relèvements
ayant servi à la détermination des signaux.
Cap d'Ambre
Nosy-Mitsio
Nosy-Komba
Anjouan

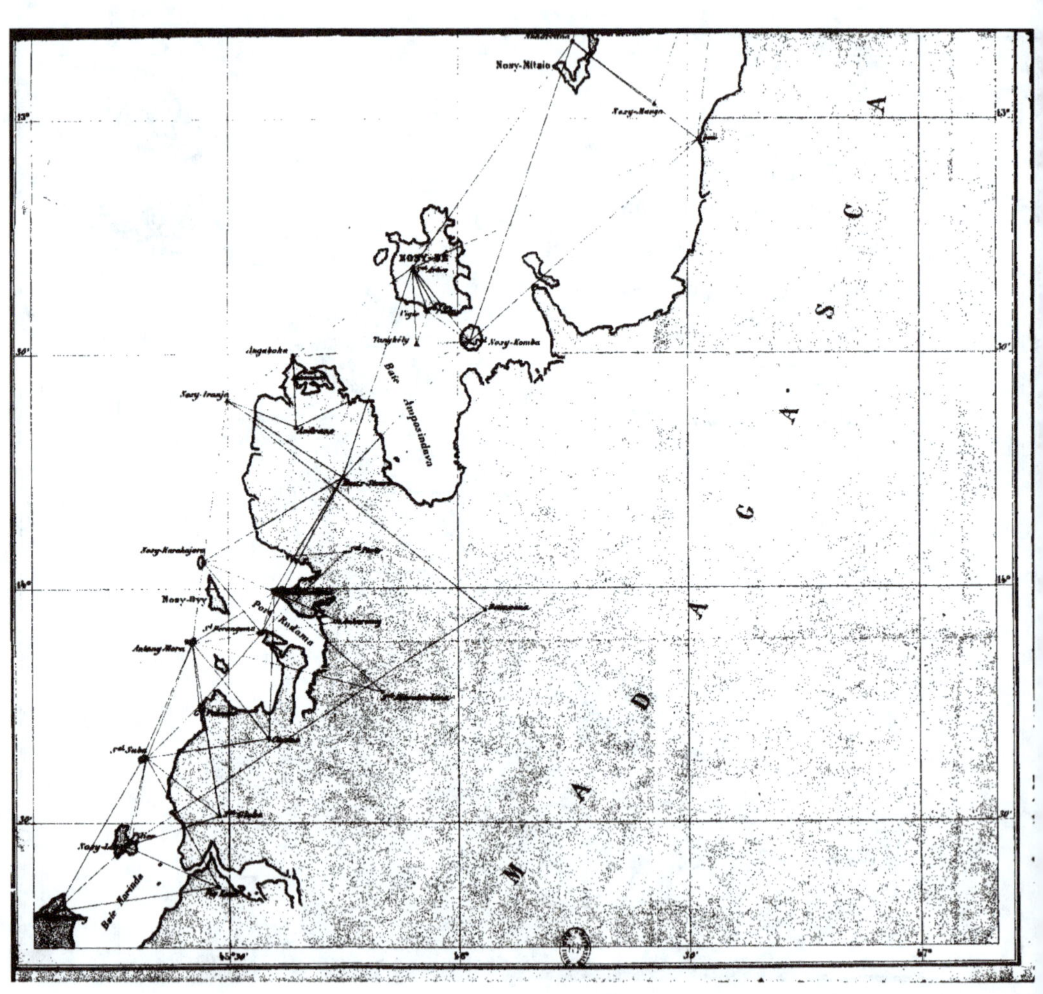
Nosy-Mitsio
Nosy-Mango
NOSY-BE
Ambatoloaka
Nosy-Komba
Ambanja
Tsimipaika
Nosy-Iranja
Ambilobe
Baie Ampasindava
Nosy-Karahajoro
Nosy-Hovy
Port Radama
St Sébastien
Antsy-Moron
ch. Saka
Maloha
Nosy-Lava
Baie Loza
MADAGASCAR
13°
30'
14°
30'
45°30'
46°
30'
47°